ANSIEDADE

O Melhor Guia Para Redução Do Estresse E Dos Ataques De Pânico

(Se livre de fobias, depressão e meditação)

Dan Scott

Traduzido por Daniel Heath

Dan Scott

Ansiedade: O Melhor Guia Para Redução Do Estresse E Dos Ataques De Pânico (Se livre de fobias, depressão e meditação)

ISBN 978-1-989837-42-9

Termos e Condições

De modo nenhum é permitido reproduzir, duplicar ou até mesmo transmitir qualquer parte deste documento em meios eletrônicos ou impressos. A gravação desta publicação é estritamente proibida e qualquer armazenamento deste documento não é permitido, a menos que haja permissão por escrito do editor. Todos os direitos são reservados.

As informações fornecidas neste documento são declaradas verdadeiras e consistentes, na medida em que qualquer responsabilidade, em termos de desatenção ou de outra forma, por qualquer uso ou abuso de quaisquer políticas, processos ou instruções contidas, é de responsabilidade exclusiva e pessoal do leitor destinatário. Sob nenhuma circunstância qualquer, responsabilidade legal ou culpa será imposta ao editor por qualquer reparação, dano ou perda monetária devida às informações aqui contidas, direta ou indiretamente. Os respectivos autores são proprietários de todos os direitos autorais não detidos pelo editor.

Aviso Legal:

Este livro é protegido por direitos autorais. Ele é designado exclusivamente para uso pessoal. Você não pode alterar, distribuir, vender, usar, citar ou parafrasear qualquer parte ou o conteúdo deste ebook sem o consentimento do autor ou proprietário dos direitos autorais. Ações legais poderão ser tomadas caso isso seja violado.

Termos de Responsabilidade:

Observe também que as informações contidas neste documento são apenas para fins educacionais e de entretenimento. Todo esforço foi feito para fornecer informações completas precisas, atualizadas e confiáveis. Nenhuma garantia de qualquer tipo é expressa ou mesmo implícita. Os leitores reconhecem que o autor não está envolvido na prestação de aconselhamento jurídico, financeiro, médico ou profissional.

Ao ler este documento, o leitor concorda que sob nenhuma circunstância somos responsáveis por quaisquer perdas, diretas ou indiretas, que venham a ocorrer como resultado do uso de informações contidas neste documento, incluindo, mas não limitado a, erros, omissões, ou imprecisões.

Índice

PARTE 1 1

INTRODUÇÃO 2

CAPÍTULO 1... 4

FAZENDO MUDANÇAS 4

CAPÍTULO 2... 17

TERAPIA COGNITIVO-COMPORTAMENTAL....... 17

CAPÍTULO 3... 28

TERAPIA DE EXPOSIÇÃO 28

CAPÍTULO 4... 38

TERAPIA DE ACEITAÇÃO E COMPROMISSO 38

CAPÍTULO 5... 48

MEDICAMENTOS ANTIDEPRESSIVOS 48

CAPÍTULO 6... 61

OUTRAS MEDICAÇÕES 61

CONCLUSÃO 71

PARTE 2 73

INTRODUÇÃO 74

OBRIGADO POR FAZER O DOWNLOAD DESTE LIVRO.. 74

CAPÍTULO 1: MEXA-SE! 77
FAÇA EXERCÍCIO................................. 77
EXPERIMENTE YOGA OU MEDITAÇÃO 79
DANCE ENQUANTO OUVE MÚSICA................... 82
VÁ DAR UM PASSEIO 84
ASSISTA AO PÔR DO SOL/NASCER DO SOL 85
EXPERIMENTE UMA NOVA TÉCNICA DE RESPIRAÇÃO 88
DEITE-SE CEDO – E DESLIGUE O TELEFONE! 90
VISITE O OCEANO 94
VISITE UM PONTO DE REFERÊNCIA HISTÓRICO ONDE AINDA NÃO FOI 97
REDUZA O CONSUMO DE CAFEÍNA E ÁLCOOL 99
ELIMINE O AÇÚCAR DA SUA DIETA.................. 102

CAPÍTULO 2: SEJA SOCIÁVEL! 104

1. AJUDE ALGUÉM QUE PRECISE.................. 104
2. LIGUE A UM AMIGO DE LONGA DATA 107
3. VÁ A UM EVENTO SOCIAL 108
4. EXPERIMENTE UM NOVO ENCONTRO SOCIAL 109
5. VÁ À IGREJA... 111
6. FALE COM ALGUÉM QUE PASSOU PELO MESMO 112
7. DESLIGUE-SE DAS REDES SOCIAIS............. 114

CAPÍTULO 3: AMOR PRÓPRIO! 117

8. ESCREVA UMA LISTA DAS COISAS QUE AMA EM SI PRÓPRIO............................... 117

9. COZINHE ALGO OU PREPARE DOCES 118
10. CUIDE DE SI COM UM DIA DE *SPA*/MASSAGENS 121
11. FAÇA UMA LISTA DOS OBJETIVOS QUE QUER ALCANÇAR 124
12. COMPRE ÓLEOS ESSENCIAIS OU VELAS 126
13. LIMPE 130
14. REDECORE 135
15. ANALISE AS SUAS DESPESAS 138
16. LEIA 144
17. ESCREVA UM DIÁRIO 146
18. CONSIDERE UMA CONSULTA COM UM TERAPEUTA 148
19. VISITE O SEU MÉDICO PARA REALIZAR UM *CHECK-UP* 151

CONCLUSÃO 153

Parte 1

INTRODUÇÃO

Parabéns por baixar este livro, e obrigado por isso. Transtornos de ansiedade afetam milhares de pessoas todos os anos — cerca de 12% da população mundial. Há diversos transtornos de ansiedade, incluindo ansiedade social, fobias, transtorno do pânico, transtorno de ansiedade generalizada entre outras. Os transtornos de ansiedade causam sentimentos de medo e preocupação acerca do futuro junto de sintomas físicos como aumento da pressão arterial e da frequência cardíaca.

Caso se encontre enfrentando problemas com ansiedade e medo, é complicado ser funcional e aproveitar a vida, por isso pode ser benéfico buscar ajuda. Os transtornos de ansiedade não costumam desaparecer sozinhos, mas são, com certeza, tratáveis com ajuda profissional.

Os capítulos a seguir vão abordar diversos tratamentos diferentes para a ansiedade.

Estes tratamentos passaram por amplas pesquisas e tiveram sua eficácia comprovada através de estudos controlados. Portanto, conte com eles para ajudá-lo a se sentir melhor. Você aprenderá sobre algumas mudanças que você pode fazer em sua vida de modo a conseguir reduzir sua ansiedade. A seguir você aprenderá sobre a Terapia Cognitivo-Comportamental — a terapia mais usada no tratamento de transtornos de ansiedade. Também aprenderá sobre a Terapia de Exposição, que é particularmente eficaz para tratar fobias. Aprenderá ainda sobre a Terapia de Aceitação e Compromisso que é promissora no tratamento de fobia social. Lerá sobre antidepressivos e outras medicações que podem ajudar a reduzir seus sintomas.

Há bastantes livros sobre este assunto no mercado, obrigado por escolher este! Fizemos de tudo para garantir que esteja repleto das informações mais úteis possíveis, por favor, aproveite!

Capítulo 1
Fazendo Mudanças

A decisão mais eficaz que você pode tomar para conseguir aliviar sua ansiedade é marcar uma consulta com um terapeuta profissional. Um conselheiro que pode ajudar você com a ansiedade, pois seja o seu diagnóstico de um transtorno de ansiedade ou não, essa ansiedade não se desfaz sozinha. Nada neste livro ou em qualquer outro pode substituir a assistência de um profissional treinado, e a informação contida nas páginas deste livro não devem ser levadas como orientação médica ou usadas no lugar da ajuda profissional.

Um terapeuta pode ajudar você da melhor maneira possível, mas você também pode tomar algumas decisões que vão reduzir sua ansiedade ao provocar mudanças positivas em seu estilo de vida. Mudar alguns hábitos pode não ter o poder de curar a ansiedade, mas pode ajudar reduzindo a frequência e a severidade do problema. Pode até tornar mais fácil para você obter benefício total do tratamento. Talvez consiga fazer, de forma mais fácil, o que seu terapeuta peça caso não se sinta tão sobrecarregado por uma ansiedade que torna até o ato de ouvir difícil.

Comece se concentrando em sua saúde. Os sentimentos e sintomas a que nos referimos como "ansiedade" são na verdade um conjunto de respostas instintivas físicas a uma ameaça percebida. Quando você experimenta ansiedade, seu corpo passa por uma série de mudanças que originalmente evoluíram para ajudá-lo a correr ou lutar, se necessário. É por isso que o sua frequência cardíaca e a sua pressão arterial aumentam quando está ansioso, em essência, você está se preparando para lutar pela própria vida. É claro que uma avaliação de desempenho no escritório ou uma situação social estressante não são realmente assuntos de vida ou morte, mas para uma pessoa que sofre de ansiedade o processo físico é basicamente isso, assim como a emoção que se experimenta.

Dê ao seu corpo um melhor combustível para o trabalho e se verá capaz de lidar melhor com o problema. Mantenha uma dieta equilibrada que inclua uma mistura de grãos integrais frutas e legumes e talvez um pouco de carne magra. Quando escolher as frutas, escolha opções com cores ricas e escuras para que possa se beneficiar dos antioxidantes e outros nutrientes que elas contêm. Há evidências de que uma dieta saudável pode reduzir os sintomas de ansiedade, e estudos também mostraram que os antioxidantes podem baixar os níveis de hormônios de estresse.

Em vez de tentar controlar a ansiedade tomando cerveja ou vinho ao chegar do trabalho, é melhor baixar o consumo de álcool ou mesmo eliminá-lo. O mesmo se aplica ao tabaco e ao café. As pessoas se valem desses artifícios para alívio temporário e para conseguirem relaxar, mas todos eles contribuem para aumentar os níveis de ansiedade a longo prazo.

Beber demasiado álcool todos os dias pode gerar sintomas semelhantes a um transtorno de ansiedade, mesmo que não tenha um. Na primeira consulta com um terapeuta, o profissional pode fazer perguntas sobre o uso de álcool e outras substâncias para determinar se o consumo delas (em vez de algum transtorno de ansiedade) é a fonte de seus sintomas.

Certifique-se de dormir o suficiente todas as noites. Milhões de pessoas não o fazem, e a ansiedade também pode causar insônia e privação do sono. É difícil funcionar quando se sente tão cansado que mal se consegue ficar de pé, e é óbvio, que ficar vulnerável dessa maneira aumenta a ansiedade. Se conseguir ir para a cama um pouco mais cedo, e conseguir dormir por um total de oito horas, pode acabar descobrindo que parte dos seus problemas com ansiedade se foram. Mesmo que seus problemas com a ansiedade tornem difícil que você adormeça, você terá mais horas de sono indo para a cama mais cedo e, e terá ainda mais benefícios se estabelecer uma rotina de sono consistente. Deve ser mais fácil adormecer se você evitar trabalhar antes de dormir, lembre-se também de evitar usar o seu telefone ou computador neste horário. Estudos descobriram tempo demais na frente de uma tela antes de dormir contribui para níveis mais elevados de insônia. Se você quer tentar relaxar antes de dormir, tente ler um livro em vez de usar esses aparelhos.

Junto de descanso suficiente, você precisa de uma boa quantidade de atividade física. Escolha a forma de exercício que preferir (ou pelo menos uma que odeie menos!) e estabeleça uma rotina. Pode ser uma corrida diária ou uma caminhada, calistenia, esportes, ou aulas de ioga ou Tai Chi. Não importa que forma de exercício prefere, atividades físicas regulares podem reduzir a ansiedade e dar a pessoa um senso geral de bem-estar físico e emocional.

Além de fazer tudo o que puder para melhorar a sua saúde, você também pode aprender algumas técnicas para aperfeiçoar seu estado mental e emocional. Reserve tempo todos os dias para fazer coisas que o descontraiam e o façam feliz. Você pode ler um livro, trabalhar em um projeto de artesanato ou ouvir música. Seja o que for, deve ser relaxante e nunca demasiado intenso ou estressante. A ideia aqui é reduzir o nível de ansiedade em sua vida, então separar um tempo durante o dia a dia para fazer algo por puro prazer pode ajudar. Fazer uma aula de algo que lhe interessa também é conhecido por ser relaxante.

Aprenda a praticar exercícios respiratórios e métodos de meditação. Ambos são conhecidos por ativar a "resposta de relaxamento" do Sistema Nervoso Parassimpático de seu corpo, suprimindo a resposta "bater ou correr" de seu sistema nervoso simpático de modo que consiga relaxar. Estas técnicas podem ajudar a mostrar ao seu corpo que você não está em uma luta por sobrevivência real, mesmo que se sinta assim.

Faça uma aula de Atenção Plena ou outro método de meditação, onde pode aprender mais com um profissional experiente. Você também pode aprender técnicas para reduzir a ansiedade lendo livros ou assistindo vídeos sobre o tema. Meditações que envolvam relaxamento muscular progressivo podem ser encontrados on-line sem dificuldade.

Se você se interessa por medicina alternativa, pode querer tentar ervas medicinais antes de procurar ajuda profissional para a sua ansiedade. No entanto, deve-se sempre fazer uma pesquisa extensiva antes de tomar quaisquer medicamentos fitoterápicos. Muitos medicamentos à base de plantas não são testados ou regulamentados, e em alguns casos, podem ser perigosos ou pouco saudáveis. Por exemplo, algumas pessoas tomam kava para tratar a ansiedade, mas estudos mostraram uma ligação com graves danos no fígado, mesmo em pessoas que não tomaram kava por muito tempo. Em outros casos, o produto pode não ser perigoso, mas a eficácia no tratamento da ansiedade pode não ser comprovada, como no caso da teanina e valeriana. Se decidir tomar medicamentos alternativos e não obtiver o resultado esperado, talvez possa querer optar pelo tratamento convencional.

Algumas pessoas preferem falar com um médico tradicional antes de procurar um terapeuta. Às vezes, pode ser uma boa ideia. O seu médico pode querer fazer alguns testes e descartar outras causas potenciais para os seus sintomas antes de encaminhá-lo para um psicólogo.

Para encontrar um psicólogo, deve verificar on-line ou em guias locais de saúde. Claro, é bom verificar se o profissional aceita seu plano de saúde, e se possível é melhor escolher alguém especializado no tratamento de problemas de ansiedade. Nem todo terapeuta será bom para você, então não relute em visitar mais de um profissional antes de se comprometer com um tratamento. Se o profissional não o fizer se sentir confortável, estabelecer uma relação de confiança e afinidade, é melhor buscar outra linha de terapia.

Se você não tem plano de saúde e não tem meios financeiros de arcar com a terapia, pode conseguir de graça ou a custos baixos em clínicas-escolas e ou populares em sua região. Algumas empresas também oferecem um certo número de sessões como parte de um pacote de benefícios, mesmo que eles não cubram psicoterapia em geral.

Alguns terapeutas também oferecem sessões por telefone ou chamadas de vídeo. Pode ser útil se você não mora perto do consultório ou se você tem mobilidade limitada. Se você ainda não encontrou alguém com quem se tratar, pode conseguir algum auxílio através de vídeos na internet. Alguns profissionais de saúde mental postam vídeos, on-line em blogs ou sites de streaming como o YouTube, em que dão dicas de como lidar com a ansiedade. Não será tão eficaz quanto um tratamento individualizado, mas pode ajudar entre as sessões ou durante sua busca por um profissional.

Ao assistir vídeos sobre o tratamento da ansiedade, é bom que se cheque as credenciais do criador antes de apostar demais no que dizem. Qualquer um pode fazer upload de um vídeo expressando suas opiniões pessoais ou experiências, mas se você procura alívio real, deve confiar em vídeos de profissionais qualificados. Em geral, pode-se encontrar algo sobre as credenciais do criador de vídeo no vídeo de introdução.

A seguir listo alguns dos transtornos de ansiedade mais comuns e mais falados, para ajudar na procura de informações:

Transtorno de Ansiedade Generalizada - Ansiedade severa desencadeada por diversos tipos de situações e não apenas um. Por exemplo, se você vivencia ansiedade constante acerca do trabalho, relacionamentos, saúde e questões financeiras, então você pode estar sofrendo de transtorno de ansiedade generalizada. Antes de diagnosticá-lo com

TAG, seu terapeuta vai tentar descartar outras causas potenciais e estabelecer se você tem tido os sintomas por pelo menos seis meses.

Fobia-As fobias podem ser definidas como medo desproporcional de algo que não costuma ser encarado como perigoso. Agorafobia é o medo de sair em público, em particular de lugares tumultuados, cheios de pessoas. Há muitas fobias específicas diferentes, incluindo:

- Medo de aranhas, cobras e outras criaturas vivas.
- Medo de agulhas, sangue ou tratamento médico.
- Medo da água, de trovão ou de outros fenômenos naturais.
- Medo de situações específicas, como estar no escuro ou em um espaço confinado.

Há muitas fobias diferentes contidas dentro de cada uma destas categorias amplas.

Fobia Social - Fobia Social é o tipo mais comum de transtorno de ansiedade.

Também é chamada de Sociofobia, e se caracteriza, assim como outras fobias, pelo excesso de medo de algo que não costuma ser perigoso. Neste caso, a pessoa com fobia social vivencia ansiedade extrema durante eventos sociais, em especial situações em que se sentem observadas ou julgadas. Por exemplo, uma pessoa com fobia social pode ficar obcecada com um pequeno erro relacionado a algo que disse ou fizeram em público. Vão presumir que todos notaram e a julgaram de modo severo quanto ao erro. Como isso causa muito sofrimento, essas pessoas tentam evitar ou escapar destas situações sempre que possível, o que causa grandes limitações em sua habilidade de viver o tipo de vida que querem viver.

Síndrome do Pânico -Um ataque de pânico caracteriza pela súbita presença de palpitações cardíacas, falta de ar, tremedeira, suor e um extremo temor, em geral acompanhado da convicção de que algo terrível está para acontecer. Pessoas com síndrome do pânico sofrem ataques de pânico com frequência.

Estes são os tipos mais comuns de transtornos da ansiedade e todos podem ser tratados com psicoterapia, medicação ou a combinação dos dois.

Capítulo 2
Terapia Cognitivo-Comportamental

A Terapia Cognitivo-Comportamental vem sendo evoluída ao longo de muitos anos por diversos profissionais e pesquisadores, portanto possui uma gama de diferentes formas e não há 2 psicólogos no mundo que a abordem da mesma forma. A descrição da TCC neste capítulo é bem precisa, mas seu psicólogo pode explicar de uma forma diferente ou seguir outra linha.

A primeira coisa que precisa saber sobre a Terapia Cognitivo-Comportamental é que ela funciona de verdade. Se você está cético sobre obter ajuda para a sua ansiedade e não tem certeza de que a terapia pode ajudá-lo, tenha certeza de que os benefícios da TCC foram extensivamente pesquisados por muitos anos e não há dúvida de que esta terapia é eficaz para prevenir e tratar transtornos de ansiedade. A TCC é a linha de tratamento que mais possivelmente será escolhida por seu terapeuta no tratamento da ansiedade. E mesmo que a escolha seja por outra, pode ser que se trate de uma variação dela.

A Terapia Cognitivo-Comportamental é uma forma de "terapia conversacional", mas é totalmente diferente da psicanálise tradicional. Na psicanálise o terapeuta analisa o paciente para descobrir neuroses inconscientes e complexos por trás do comportamento da pessoa. Este processo é aberto e pode levar muito tempo, e é em grande parte guiado pelo terapeuta.

Na TCC, o profissional não é encarado como uma figura distante, uma autoridade dona de todo o saber. A TCC é baseada em evidências, e o psicólogo sempre trabalha com o paciente para que este atinja seus objetivos. Em vez de se concentrar no inconsciente e seus efeitos em seu comportamento, a TCC ensina como lidar com seus processos conscientes de pensamento aqui e agora. Não requer anos e anos de terapia. Um curso de TCC costuma ter uma duração de 1 a 18 sessões e uma hora cada, e sempre possui um objetivo bem definido.

O primeiro passo na TCC é identificar os "comportamentos críticos" que estão causando problemas. Por exemplo, se é raro que aceite um convite para um evento social porque você costumar estar muito ansioso pode ser que "aceitar poucos convites sociais" seja um de seus comportamentos críticos. Se você tem um ataque de ansiedade esmagador sempre que um colega diz algo crítico, então isso pode ser um de seus comportamentos críticos.

O segundo passo é determinar se o comportamento crítico é um excesso (muito de alguma coisa) ou um déficit (muito pouco de alguma coisa). Se você quiser ser capaz de desfrutar de eventos sociais com mais frequência, então "raramente participar de eventos sociais" deve ser um déficit. Reagir com extrema ansiedade a um comentário crítico deve ser um excesso.

O terceiro passo é descobrir quantas vezes o comportamento crítico ocorre, quanto tempo dura e quão intenso é. Por exemplo, seu psicólogo pode perguntar com que frequência você sente ansiedade acerca de participar de eventos sociais e que sintomas de ansiedade tem quando isso ocorre, ou quantas vezes tem ataques de ansiedade quando criticado e a intensidade dos sintomas. O profissional vai usar esta informação para estabelecer um "padrão" para o seu comportamento crítico.

O objetivo plano de tratamento será alterar seu padrão, quer seja reduzindo os comportamentos identificados como excessos, quer seja aumentando a incidência dos comportamentos em que tem atualmente um déficit. Por exemplo, se seu comportamento crítico é raramente participar de eventos sociais devido à ansiedade, então o objetivo da terapia pode ser aumentar a frequência com que você vai a esses lugares e a forma como desfruta desses eventos. Se seu comportamento crítico é que você tem ataques de ansiedade quando criticado no trabalho, então o objetivo pode ser reduzir a frequência e intensidade desses ataques.

Como a TCC sempre mede os resultados do tratamento em relação a um padrão estabelecido, não haverá nenhuma ambiguidade relativa ao sucesso ou não dos objetivos traçados. É por isso que este tipo de terapia é considerado uma abordagem "baseada em evidências".

Como a TCC funciona

A Terapia Cognitivo-Comportamental é baseada na ideia de que existe uma relação entre pensamentos, emoções e comportamentos. Por exemplo, se pensar em si mesmo como pouco atraente para os outros é possível que sinta medo e apreensão sobre chamar alguém para um encontro, e você tenderá a evitar chamar alguém para sair.

Assim que você compreender que os pensamentos influenciam os sentimentos e que os sentimento influenciam as ações, você poderá alterar os seus comportamentos se lidar com os sentimentos, e alterando os sentimentos poderá lidar com os pensamentos.

Muitos de nossos pensamentos envolvem crenças sobre o mundo, sejam positivas ou negativas. Na teoria da TCC, as nossas crenças mais básicas sobre o mundo podem ser divididas em três categorias:

- Crenças sobre si mesmo, por exemplo - "eu sou indigno de amor."
- Crenças sobre os outros, como "não se pode confiar nos outros."
- Crenças sobre o mundo, como "nada nunca funciona."

Se suas crenças básicas sobre si mesmo, outras pessoas e o mundo são extremas e negativas como esses três exemplos, então essas crenças negativas irão naturalmente gerar emoções ansiosas e temerosas. Isso irá então influenciá-lo a agir de maneiras que podem não levá-lo para onde quer chegar na vida.

Na Terapia Cognitivo-Comportamental, as crenças extremas e negativas deste tipo são conhecidas como "distorções cognitivas". Essas crenças são distorções porque não refletem com precisão a realidade, não importa o quão reais possam parecer no momento em questão. De um modo geral, as distorções cognitivas são exageradas. Decerto é verdade que algumas pessoas não merecem confiança, mas não é preciso dizer que ninguém mereça. É inegável que algumas coisas não funcionam como planejado, mas não é verdade dizer que nada nunca funciona.

Pessoas com problemas de ansiedade frequentemente "catastrofizam", o que significa reagir a problemas diários regulares como se fossem desastres que alteram a vida. Outra distorção cognitiva típica é conhecida como" filtragem", que significa e a pessoa nota apenas o único aspecto negativo de uma interação ou experiência positiva. "Raciocínio emocional" é outra distorção, na qual a força de uma emoção sobre algo é interpretada como evidência de que o sentimento é justificado. Seu psicólogo irá ajudá-lo a identificar as distorções cognitivas na raiz de sua ansiedade e "reconceitualizar" ou pensar acerca dessas distorções de forma diferente. Depois de descobrir como agir, você vai aprender algumas técnicas práticas para lidar com a ansiedade gerada. Ao aprender a questionar seus próprios pensamentos negativos e lidar, de modo eficaz, com seus sentimentos de ansiedade, você vai começar a adquirir a capacidade de realizar atividades que antes achava difícil demais.

Alguns profissionais se concentram mais em ajudá-lo a lidar com seus pensamentos e a analisar suas distorções cognitivas. Outros se concentram mais em ajudá-lo a mudar os comportamentos específicos que você quer mudar. Ambas as abordagens seguem a lógica subjacente da TCC, mas abordam o problema de diferentes direções.

Não importa qual abordagem da TCC seu psicólogo adote, o tratamento incluirá uma variedade de técnicas específicas para ajudá-lo a alcançar seus objetivos, inclusive exercícios e "lição de casa" entre as sessões.

Algumas variações da TCC

Existem várias variações da TCC, algumas das quais foram desenvolvidas para fins diferentes ou para tratar tipos específicos de pacientes.

A Terapia Cognitivo-Comportamental Computadorizada possui o mesmo planejamento básico da TCC tradicional, as o tratamento é realizado em uma interface de computador. A TCC Computadorizada pode ser útil para pessoas que não têm acesso a um psicólogo por razões diversas, financeiras ou não.

Terapia Cognitivo-Comportamental Breve é uma forma de TCC para pessoas que só podem ver um psicólogo por um curto tempo. Foi originalmente desenvolvida para tratar soldados, mas agora possui uma aplicabilidade maior.

Treinamento Comportamental cognitivo estruturado é um método de tratamento baseado na TCC, mas com várias diferenças distintas. A TCCE é muito mais estruturada segue um planejamento prévio para alcançar um objetivo em uma data pré-determinada. De acordo com a teoria da TCCE, a ansiedade é uma escolha, mesmo que seja inconsciente. O treinamento cognitivo comportamental estruturado destina-se a trazer esta escolha inconsciente para a consciência de modo que possa ser alterada.

Terapia Cognitivo-emocional comportamental foi criada por uma psicóloga chamada Emma Gray para tratar pacientes com distúrbios alimentares. TCEC é um processo mais demorado que a TCC porque foi desenvolvida para ajudar os pacientes a modificar comportamentos muito enraizados como compulsão e purgação. Mesmo que a TCEC tenha sido desenvolvida pensando em distúrbios alimentares, ela é hoje usada por alguns psicólogos para tratar ansiedade e outros transtornos como estresse pós-traumático. Seu psicólogo pode usar a terapia cognitivo-emocional para ajudá-lo a obter uma melhor compreensão das causas subjacentes de suas emoções negativas ou comportamentos disfuncionais.

Treinamento de inoculação de estresse é um tratamento para estresse e ansiedade que tem como base a TCC. Treinamento de inoculação de estresse tem foco na melhora da capacidade do paciente de lidar com eventos que em geral seriam estressantes ou gatilho para a ansiedade se manifestar.

Alguns dos outros tratamentos que vamos descrever neste livro (inclusive Terapia de Exposição e and Terapia de Aceitação e Compromisso) também foram influenciadas pela TCC, ou usadas em conjunto com a TCC.

Capítulo 3
Terapia de Exposição

Se é comum que você se veja evitando ou tentando escapar de situações que desencadeiam sua ansiedade, seu psicólogo pode optar por submetê-lo à Terapia de Exposição. Este tratamento foi desenvolvido para ajudar os pacientes a superar o "comportamento de fuga", a tendência a fugir de situações que pareçam perigosas.

Por exemplo, talvez você tenha tendência a esconder-se no seu quarto quando o seu parceiro ou o seu colega de quarto tem companhia, ou talvez se sinta demasiado ansioso ao ir a uma entrevista de emprego ou precisa fazer uma apresentação no trabalho ou na escola. Se você evita ou foge de situações que não são realmente perigosas, com muita frequência, seu psicólogo pode decidir pela Terapia de Exposição.

A terapia de exposição é baseada em um conceito chamado "condicionamento". O fisiologista Ivan Pavlov demonstrou o princípio do condicionamento, pela primeira vez, através de seu trabalho com cães. Pavlov descobriu que se ele alimentasse seu cão de pesquisa enquanto tocava um sino, ele aprenderia a associar o som do sino com a alimentação. Depois de um tempo, o cão salivava sempre que escutavam o sino, mesmo que não houvesse comida na frente dele. O animal aprendeu a associar um "estímulo neutro "(o sino) com um "estímulo incondicionado" (o alimento).

Condicionamento através da exposição a um estímulo é a maneira básica de tanto pessoas como animais aprenderem coisas novas. Quando você tem uma experiência demasiado negativa em uma determinada situação, você aprende a reagir a situações semelhantes como se estivesse tendo a mesma experiência de novo. Tal reação leva a um intenso desejo de fugir da situação porque parece tão perigosa, mesmo que não haja nenhuma razão lógica para pensar que sua experiência será negativa outra vez.

Por exemplo, se você passou por uma situação embaraçosa e humilhante ao falar ou atuar em público, pode aprender a associar o ato de falar em público (um estímulo neutro) com a experiência de ser humilhado (um estímulo incondicionado). Se você fosse assaltado no caminho de casa, poderia aprender a associar o ato de andar pela rua (um estímulo neutro) com a experiência de ser assaltado (um estímulo incondicionado).

Como a ansiedade e o medo que sente nessas situações são muito intensos, você os evita como se soubesse, por meio de comprovação, que a experiência será mais uma vez negativa, quando na verdade provavelmente não será. A reação é desproporcional à situação real, o que pode fazer com que você perca oportunidades ou tenha outros problemas na vida.

Se o condicionamento pode ensiná-lo a evitar ou fugir de algo, também pode ensiná-lo a parar de evitar a situação. A terapia de exposição coloca você em situações que costumam causar ansiedade, começa-se com medos menores e evolui até seus maiores medos. Através da exposição repetida, você se condiciona a não fugir ou evitar essas situações. Com o tempo pode até aprender a não temê-los de modo algum.

Extinção do Medo

A terapia de exposição funciona por causa de algo chamado "extinção do medo". Significa que as reações de medo irão desaparecer ou se extinguir, de forma natural e gradual, quando a expectativa que você cria em cima de um possível resultado negativo for dissipada. Por exemplo, imagine que você sente uma ansiedade intensa cada vez que pensa em falar com um estranho. Coisas terríveis que podem acontecer passam por sua cabeça, e você sente cada vez mais medo, então evita a angústia nunca falando com estranhos. Sempre que evita falar com um estranho por causa d ansiedade, seu medo de falar com estranhos torna-se muito mais forte.

Se você pode se puser a falar com um estranho, apesar do medo, vai experimentar ansiedade e vai querer fugir. Se você optar por não fugir, não importa o quantotema, sua ansiedade acabará por desaparecer – e você vai considerar a tarefa mais fácil da próxima vez. Quanto mais experiências você tem em que falar com um estranho não resulta em uma resposta negativa, menos ansiedade você vai sentir. No fim, o medo será extinto.

Exposição In vivo

Mais de um tipo de exposição é usado na terapia de exposição, mas o mais comum é a exposição "in vivo". Significa exposição "ao vivo" aos cenários que desencadeiam a sua ansiedade. Por exemplo, se ir a uma festa é o que desencadeia a sua ansiedade, então seu terapeuta vai pedir que vá a uma festa. Com o tempo, a exposição à fonte da sua ansiedade deve condicioná-lo a ser capaz de frequentar tais eventos sem medo excessivo.

No entanto, seu psicólogo não esperará que enfrente os seus maiores medos de uma só vez. A terapia de exposição costuma começar com uma exposição bem leve, por exemplo, uma reunião com alguns amigos em um café. Em seguida, a exposição se daria em uma situação um pouco mais desafiadora, como um pequeno jantar, e assim por diante, até o objetivo final de uma festa de grande porte (um casamento tradicional, uma formatura).

Em cada etapa, você provavelmente sentirá o forte impulso de acabar com a ansiedade fugindo da situação. Esta é o "comportamento de fuga". É simples, na terapia de exposição, você tenta não fugir de situações em que fugiria. Em vez disso, você deve "abraçar" a ansiedade e deixar que aconteça. Os sentimentos de ansiedade vão piorar até atingirem um pico, e depois vão desaparecer. Quando passar por este processo, saberá que é capaz de superar a ansiedade sem fugir.

A exposição In vivo pode ser um desafio, por isso o paciente tem a opção de deixar este tipo de tratamento e experimentar outros procedimentos. No entanto, mesmo que a exposição à ansiedade possa ser desconfortável na hora, a incidência destes episódios vai diminuir a cada vez que repetir a exposição. Depois de repetições suficientes, você pode aprender a tolerar melhor situações que teriam, no passado, feito você fugir. Pode até parar de sentir ansiedade nessas situações.

Estudos mostraram que a exposição in vivo é eficaz no tratamento do transtorno de ansiedade generalizada, um tipo de ansiedade que não está focado em um problema específico.

A terapia de exposição é também o tratamento preferencial para fobias, como agorafobia e demais fobias específicas. Tal como acontece com outros tipos de transtorno de ansiedade, o seu terapeuta vai pedir que você se exponha à situação que desencadeia a fobia, através de um passo a passo gradual, até enfrentar o seu maior medo.

Por exemplo, um paciente com fobia de cães pode começar simplesmente olhando para fotografias de cães, depois pode sugerir assistir a um desenho animado, em terceiro, um filme com um cão em papal proeminente, em seguida, ir para um parque em que as pessoas passeiam com cães, mais tarde, pode sugerir que acaricie um cão, dar um biscoito, deixar o cão lamber sua mão, etc. Embora a maioria dos terapeutas use esta abordagem de "exposição gradual" porque é mais provável que o paciente seja receptivo, estudos mostram que a "inundação" o paciente é tão eficaz quanto e alguns profissionais preferem esta abordagem intensiva. "Inundação" é uma forma de terapia de exposição em que você começa, logo de cara, a lidar com a situação que mais teme, em vez de chegar até ela após várias etapas (exposição gradual). Se você achar a ideia da"inundação "muito desafiadora, pode pedir que tentem a "exposição gradual" antes.

Ao se expor à fobia sem tentar fugir ou evitar a situação, você pode se condicionar a não desencadear a reação de fuga em primeiro lugar. A terapia de exposição é tão eficaz para o tratamento de fobias que 65% dos pacientes param de apresentar os sintomas quatro anos após completar o tratamento. 90% dos pacientes apresentam sintomas reduzidos quatro anos após o tratamento, mesmo que ainda desencadeiem os sintomas em algumas situações.

Exposição Imaginária e interoceptiva

Exposição Imaginária é a terapia de exposição que usa a imaginação, o paciente não é exposto às situações que desencadeiam ansiedade de forma direta, mas é incentivado a se imaginar nessas situações. Este tipo de terapia de exposição é usado principalmente para ajudar pessoas que sofrem com memórias perturbadoras e pensamentos temerosos.

A exposição interoceptiva centra-se nos sintomas físicos da ansiedade, tais como a taquicardia e os problemas respiratórios que muitas pessoas experimentam. É usado para tratar de transtorno de estresse pós-traumático e ataques de pânico. Alguns ataques da Síndrome do pânico são desencadeados por sensações físicas como tonturas. Para tratar este tipo de problema através da terapia de exposição, o terapeuta expõe o paciente às sensações físicas que desencadeiam os ataques. Por exemplo, o profissional pode pedir que você rode para ficar tonto, desencadeando a reação de pânico. Em tese, funciona da mesma forma que a exposição in vivo, expõe o paciente à experiência que costuma tentar evitar até que "a extinção do medo" ocorra.

Capítulo 4
Terapia de Aceitação e Compromisso

A Terapia de Aceitação e Compromisso, também conhecida com ACT, é uma variação da Terapia Cognitivo-Comportamental em que o paciente é encorajado a aceitar e vivenciar os pensamentos negativos em vez de tentar controlá-los. Estudos descobriram que a ACT é tão eficaz quanto a TCC para muitos transtornos, então a escolha entre um método e o outro é, muitas vezes, uma questão de filosofia para seu psicólogo.

Atenção Plena

A ACT foi criada em 1982 por um psicólogo chamado Steven Hayes, e depois mais desenvolvida por Robert Zettle e outros pesquisadores durante a década de 1980. Incorpora o conceito chamado "atenção plena", emprestado dos sistemas budistas de meditação. O nome tem a intenção de chamar sua atenção para o presente, que você experimente, de forma plena, o momento que você está vivendo agora sem julgar a experiência que vem com o momento. Na Atenção Plena, tudo o que precisa fazer é se sentar em silêncio e se atentar a seus pensamentos. Quando um pensamento ocorre, você o percebe com calma, explora a sensação, como se estivesse passando tempo com um amigo que precisava de sua ajuda com alguma coisa. Os praticantes de Atenção Plena não tentam parar, controlar ou dar direção a seus pensamentos. Eles apenas observam enquanto os pensamentos vêm e vão, mantendo uma atitude de aceitação compassiva.

Os conceitos budistas da atenção plena têm sido muito estudados por psicólogos e considerados úteis no tratamento da ansiedade e outros problemas de saúde mental. A ansiedade envolve a preocupação com o futuro, de modo que a prática de direcionar a atenção ao presente pode ser terapêutica.

O processo e os objetivos da ACT são semelhantes aos da TCC, mas a abordagem para lidar com pensamentos negativos não é a mesma. Na TCC tradicional, o terapeuta ensina o paciente a reconhecer as distorções cognitivas. Como nossos pensamentos geram nossos sentimentos, a TCC ensina que podemos mudar nossos sentimentos mudando nossos pensamentos. Na terapia de aceitação e compromisso, você não luta para superar os pensamentos negativos. Em vez disso, tenta percebê-los e aceitá-los como são sem desencadear uma reação extrema a eles. Ao não ter uma reação extrema aos pensamentos negativos, você aprende a não evitá-los ou tentar fugir deles. O que permite que você comece a ganhar mais com decisões que quer tomar.

Por exemplo, se você fica ansioso quando se trata de relacionamentos românticos, pode ser que evite se arriscar com novas pessoas, mesmo que queira muito um novo relacionamento. Na TCC, você aprenderia a reconhecer as distorções cognitivas subjacentes à ansiedade, como a suposição de que ninguém jamais se sentiria atraído por você. Com a ACT, você reconheceria e aceitaria os sentimentos de ansiedade sem tentar combatê-los, e então se arriscaria com uma nova pessoa, de qualquer forma.

Transtorno de Ansiedade Social (Fobia Social)

O transtorno de ansiedade social, em geral envolve diversas distorções cognitivas, tais como a tendência a interpretar cada interação social como humilhação pessoal ou lembrar apenas os acontecimentos negativos de um evento social.

Como as distorções cognitivas são tão prevalentes no transtorno de ansiedade social, o tratamento preferencial para ele é a Terapia Cognitivo-Comportamental. No entanto, há crescente aceitação entre os terapeutas para o uso da ACT para tratar a fobia social, especialmente se o paciente recusa a TCC, ou se a TCC não obtém os resultados desejados com esse paciente. Se você sofre de fobia social, seu terapeuta pode apresentá-lo à terapia de aceitação e compromisso como um possível tratamento.

FEAR

A maioria dos modelos psicológicos aceitam que a pessoa comum é razoavelmente feliz e mentalmente saudável. O objetivo do tratamento é voltar ao normal. ACT assume que a forma como as pessoas costumam pensar não é sempre saudável porque tende a seguir um processo conhecido como pela sigla FEAR (medo em inglês). FEAR é acrônimo para Fusão, Examinar, Afastar-se e Racionalizar (*fusion, evaluate, avoid e reasoning* em inglês).

Quando você tem um pensamento ou uma reação a algo, você se identifica completamente com esse pensamento ("fusão"). Você então faz algum tipo de julgamento sobre seus pensamentos ("examina"). Este julgamento é muitas vezes negativo, levando-o a evitar as situações que você associa com seus pensamentos negativos ("afasta-se"). Por fim, você começa a analisar seu comportamento, mesmo que resulte em você não ser capaz de fazer coisas que realmente quer fazer ("racionalizar"). O processo FEAR, se levado ao extremo pode torná-lo rígido e inflexível. O objetivo da terapia de aceitação e compromisso é aprender a flexibilidade psicológica.

ACT

O oposto do FEAR é o ACT. Neste contexto, ACT significa "Aceitar / Consentir / Trabalhar. (*accept, choose and take action* em inglês)

- Aceite qualquer reação que tenha em vez de julgá-la como boa ou má.
- Consinta, de acordo com seus próprios valores, com a direção que deseja tomar.
- Trabalhe a si mesmo para ir em tal direção.

O medo (FEAR) o encoraja a evitar as experiências que causam ansiedade, mesmo que o resultado o afaste do que deseja fazer. A ACT o encoraja a tomar medidas baseadas no seu próprio sistema de valores pessoais, sem a influência do medo. Como pode ver, este tratamento visa alterar sua resposta à ansiedade de uma forma semelhante à TCC. A principal diferença está na forma como a ACT pede que você aja para honrar seus próprios pensamentos.

Aplicando a ACT

A terapia de aceitação e compromisso se diferencia entre duas experiências independentes do eu. As pessoas tendem a se identificar com seus próprios pensamentos. Por exemplo, quando dizemos algo como "eu estou triste" ou "eu estou ansioso", em que o eu e a emoção são diretamente equacionados ou "fundidos" (o verbo apenas liga o sujeito ao complemento, não interfere).

Na terapia de aceitação e compromisso, o seu psicólogo irá encorajá-lo a experimentar um aspecto diferente do si mesmo: a parte de você que apenas observa, sem necessariamente igualar-se com o que quer que esteja observando.

"Há tristeza", ou " há ansiedade" em vez de "Estou triste" ou "estou ansioso".

Na terapia de aceitação e compromisso, "defusão" é o reverso da "fusão". Ao invés de se fundir por completo com seus pensamentos e sentimentos, você aprende a vê-los como algo fora do si mesmo.

Este princípio também é chamado de "eu como contexto", significando que o eu observador é um contexto no qual pensamentos e sentimentos ocorrem – não é idêntico a esses pensamentos e sentimentos.

Isto pode parecer uma ideia abstrata, mas na vida real, a distinção é muito prática. Em vez de dizer a si mesmo "Estou ansioso", você reconhece que um sentimento de ansiedade está acontecendo neste momento. Vai desaparecer. Você não tenta lutar com o sentimento, não se martiriza. Apenas observa à medida que vai e vem.

Ao simplesmente estar consciente acerca do sentimento em vez de deixá-lo definir você, você pode ganhar a capacidade de desfazê-lo. Essas atitude o permite tomar decisões com base em algo que não seja evitar o medo.

Numa versão de terapia de aceitação e compromisso, o seu psicólogo pode apresentá-lo a algo chamado "modelo quadrilátero". É um pequeno gráfico com quatro quadrados ou caixas, sendo: uma caixa para comportamentos públicos que você quer controlar, uma caixa para comportamentos públicos que você quer externalizar mais, outra para comportamentos privados que quer controlar e a última para comportamentos privados que deseja ter mais. Comportamentos são definidos como sendo "realizáveis" ou "não realizáveis", e não como apenas bons ou maus.

O seu terapeuta irá ajudá-lo a definir quais são seus valores fundamentais para que possa usá-los como orientação quando está a sentir ansiedade. Por exemplo, se você valoriza trabalho em equipe e lealdade, mas a ansiedade o faz abandonar um projeto que outras pessoas estão contando com você para que seja completado, você pode tomar a decisão de agir de acordo com seus valores pessoais em vez de seus sentimentos de ansiedade.

Isto não significa "aguentar" ou tentar ser mais forte do que sua ansiedade. Isso só criaria um sentimento de luta. Significa vivenciar a ansiedade, observá-la com cuidado, permitir que o sentimento venha e vá e, em seguida, comprometer-se com a decisão que você quer tomar.

É por isso que o tratamento é chamado de terapia de "aceitação e compromisso" – porque a base desta terapia é aceitar seus sentimentos ansiosos, mas comprometer-se com seus próprios valores e agir de acordo com eles.

Capítulo 5
Medicamentos antidepressivos

Embora a Terapia Cognitivo-Comportamental, a terapia de exposição e a terapia de aceitação e compromisso sejam todas eficazes, não são a resposta completa para a ansiedade. Algumas pessoas são incapazes ou não querem se submeter estas terapias por uma razão ou outra. Algumas pessoas sofrem de ansiedade tão aguda que precisam de ajuda para controlar seus sentimentos de ansiedade antes de poderem se beneficiar destes outros tratamentos de modo pleno. Nos próximos capítulos, vamos examinar alguns dos medicamentos que o seu médico pode prescrever para ajudá-lo a lidar com a ansiedade.

Muitas pessoas presumem que a primeira coisa que um médico vai fazer é empurrar medicação. Não é esse o caso. Alguns problemas mentais e emocionais são tratados de forma mais eficaz com medicação e alguns com outros tratamentos. No caso de ansiedade, é mais provável que se tente alternativas tais como TCC antes de recomendar uma prescrição.

Mesmo se decida recorrer a medicamentos, você terá que ir a outro profissional para conseguir as receitas, a não ser que seu terapeuta seja psiquiatra. Os psiquiatras são capazes de prescrever medicamentos porque são médicos. Psicólogos e outros profissionais de saúde mental não são médicos, então não podem prescrever qualquer medicação. A maioria dos terapeutas não são psiquiatras, por isso, se o seu terapeuta considerar que você necessita de medicação, ele vai encaminhá-lo a um psiquiatra.

Antidepressivos geralmente não são tão eficazes para a ansiedade como Terapia Cognitivo-Comportamental. No entanto, não existe nenhuma terapia que funcione para todos, e antidepressivos podem ajudar a reduzir os sintomas de ansiedade. O National Institute for Health and Care

Excellence (entidade americana) recomenda o uso de antidepressivos para tratar transtorno de ansiedade generalizada quando outros tratamentos não foram eficazes ou não podem ser usados por alguma razão. Alguns antidepressivos também são usados para outros transtornos de ansiedade.

Tratamentos como Terapia Cognitivo-Comportamental ou terapia de aceitação e compromisso têm foco nos pensamentos. Os medicamentos mudam os processos químicos no seu cérebro. Existem vários tipos diferentes de antidepressivos, categorizados por como afetam a química do cérebro. Antidepressivos utilizados no tratamento da ansiedade incluem:

- Inibidores seletivos de recaptação de serotonina (ISRSs).
- Inibidores de recaptação de serotonina e noradrenalina (ISRSNs).
- Inibidores de recaptação de noradrenalina (IRNs)

- Tricíclicos.
- Inibidores da monoamina oxidase (MAOs).

Inibidores seletivos de recaptação de serotonina

Vários dos tipos principais de antidepressivos são na família ISRS, inclusive:

- citalopram
- escitalopram
- fluoxetina
- sertralina
- paroxetina
- fluvoxamina

Embora se saiba que os ISRSs reduzem a ansiedade, pesquisadores ainda não sabem exatamente como. Todos os ISRSs afetam um neurotransmissor chamado serotonina, que é usado para enviar mensagens entre as células nervosas do cérebro.

Quando uma célula nervosa precisa enviar uma mensagem para outra,o faz através de neurotransmissores como a serotonina para a sinapse entre as duas células. A serotonina estimula os receptores na célula destino, com a mensagem precisa enviar para a próxima célula. Depois que a célula que recebe a mensagem a repassa, ela envia a maior parte da serotonina de volta para "recaptação" pela célula que enviou a mensagem. Os ISRSs inibem este processo de recaptação, o que faz com que mais serotonina permaneça na sinapse entre as células. A serotonina continua a estimular os receptores da célula que recebeu a mensagem pela primeira vez. Os ISRSs também parecem produzir outros efeitos no cérebro, tais como um aumento na produção de noradrenalina.

Ninguém sabe exatamente como, mas seria algo como: inibir a recaptação da serotonina ou de outros neurotransmissores pode resultar, depois de um tempo, em alívio para os sintomas de depressão e ansiedade. A principal diferença entre as diferentes famílias de antidepressivos é qual neurotransmissor ou combinação de neurotransmissores elas afetam.

Inibidores de recaptação de serotonina e noradrenalina

Existem vários fármacos diferentes na família IRSNs, mas os tipos que costumam ser utilizados no tratamento da ansiedade incluem a venlafaxina e a duloxetina.

Os IRSNs são semelhantes aos ISRSs porque funcionam inibindo a recaptação de neurotransmissores e fazem com que permaneçam nas sinapses entre as células nervosas por um período mais longo. Os ISRSs inibem a recaptação da serotonina, enquanto os ISRNs inibem a recaptação da serotonina e noradrenalina. Essa inibição pode ajudar a aliviar os sintomas do transtorno de ansiedade generalizada.

Os IRSNs são conhecidos como inibidores de recaptação de serotonina e noradrenalina, mas ambos os nomes referem-se à mesma família de medicamentos. Norepinefrina e noradrenalina são a mesma coisa.

Inibidores da recaptação da noradrenalina

Os inibidores da recaptação da noradrenalina suprimem a recaptação do neurotransmissor noradrenalina. Eles também suprimem a recaptação de epinefrina ou adrenalina. Esta família de medicamentos inclui amedalina, daledalina, edivoxetina, Nisoxetina, talopram e outros. No Brasil, apenas Talopram está disponível, amedalina, daledalina, edivoxetina nunca passaram dos testes.

Os IRNs são usados no tratamento de depressão e ansiedade, assim como para tratar a síndrome de pânico. Pesquisas sobre a biologia dos ataques de pânico sugerem que irregularidades na atividade da noradrenalina podem ter algum papel no desencadeamento do pânico. Ao suprimir a recaptação da noradrenalina, os IRNs podem ajudar a regular a Síndrome de pânico.

Tricíclicos

Antidepressivos tricíclicos funcionam como IRSNs, e algumas vezes, são usados para tratar transtorno de ansiedade generalizada, fobia social, e síndrome de pânico. Os tricíclicos são uma família mais antiga de antidepressivos com mais efeitos colaterais do que IRSNs e ISRSs, então não são mais tão prescritos como já foram. Se você sofre de ataques de pânico e algum outro tipo de transtorno de ansiedade ao mesmo tempo, o seu psiquiatra não deverá prescrever um tricíclico para o problema. As drogas desta família incluem amitriptilina, lomipramina, doxepina.

Inibidores da monoamina oxidase
Os inibidores da monoamina oxidase são usados no tratamento de fobia social, agorafobia, síndrome do pânico e depressão combinados com um transtorno de ansiedade. Esta família de drogas funciona inibindo o neurotransmissor químico chamado monoamina oxidase de quebrar um tipo de neurotransmissor chamado monoamina. Tal como acontece

com os outros tipos de antidepressivos, isto resulta em mais atividade neurotransmissora, o que melhora os sintomas de ansiedade e outros problemas. Drogas nesta família incluem Selegilina e Moclobemida.

Efeitos colaterais e outras preocupações

Antidepressivos, como outros medicamentos, têm efeitos colaterais que você deve estar ciente antes de tomá-los. Alguns pacientes têm dificuldade em dormir quando tomam antidepressivo. Alguns sentem náuseas ou tonturas. Algumas pessoas têm dores de cabeça. Alguns têm problemas como fadiga. Alguns experimentam disfunção sexual. Alguns até sofrem com um aumento na ansiedade.

Muitos destes efeitos colaterais também são sintomas de ansiedade, então você pode estar se perguntando por que tomar um medicamento que causa os mesmos sintomas que pretendem curar. A resposta é que nem todos vivenciam esses efeitos colaterais, e os efeitos colaterais estão muitas vezes se apresentam em um nível que o paciente pode tolerar. Em muitos casos, os efeitos colaterais são relativamente menores em comparação com os benefícios de tomar o medicamento.

Além disso, a maioria dos pacientes precisa tentar mais de um antidepressivo antes de encontrar o que é melhor. Se a sua medicação causa mais problemas do que cura, não hesite em falar com o médico. Pode não sentir os mesmos efeitos colaterais com uma medicação diferente.

Se alguma vez tiver pensamentos suicidas enquanto tomar um antidepressivo, informe imediatamente o seu médico. Deve também contatar o seu médico imediatamente se desenvolver urticária, convulsões, um aumento na frequência cardíaca ou se começar a vomitar.

Outra questão a se ter atenção é que os efeitos dos antidepressivos só duram enquanto você permanece com a medicação. Se você começar a se sentir melhor e a ter menos problemas com a ansiedade após começar a medicação, talvez imagine que está curado e queira deixar de tomar. As probabilidades são muito altas de que a sua ansiedade volte com tudo caso o faça. As melhoras são muito mais prováveis de serem duradouras se você combinar a prescrição com Terapia Cognitivo-Comportamental ou alguma outra forma de tratamento.

Além disso, as pessoas que deixam de tomar um antidepressivos de forma súbita podem sentir efeitos colaterais graves como resultado. Se decidir que quer deixar de tomar seus antidepressivos, o seu psiquiatra pode reduzir, de forma progressiva, a dose para o ajudar a parar de forma segura.

Qual antidepressivo é o melhor para você?

Antidepressivos costumam levar algumas semanas para proporcionar alívio para a depressão, mas há evidências de que alguns antidepressivos podem proporcionar alívio mais rápido para a ansiedade. Por exemplo, um estudo conduzido pela Dra. Susannah Murphy no Laboratório de pesquisa Psicofarmacológica e emocional da Universidade de Oxford descobriu que a reboxetina e o citalopram podem reduzir os sintomas de ansiedade em três horas.

De acordo com um artigo de 2013 do *Consumer Reports*, os leitores consideraram os ISRSs tão eficazes quanto outros tipos de antidepressivos no tratamento da ansiedade, mas com menos efeitos colaterais do que outros tipos. Os leitores também relataram que uma combinação de medicação com terapia foi mais eficaz do que a medicação por conta própria.

Embora possa ser útil saber o que funcionou melhor para outras pessoas, o seu psiquiatra é mais bem qualificado para determinar qual medicação é a escolha certa para você. Ao prescrever um antidepressivo, o seu psiquiatra irá considerar uma série de fatores, inclusive seu histórico clínico, possíveis interações medicamentosas que possam se configurar e se os membros da sua família imediata tiveram bons resultados com um medicamento em particular.

Capítulo 6
Outras medicações

Antidepressivos não são a única opção para tratar a ansiedade ou reduzir os sintomas com medicação. Embora organizações como a FDA (órgão americano de controle de drogas e alimentos) ainda não tenham aprovado o uso para este fim, algumas pessoas acham que os betabloqueadores são eficazes na ajuda do controle da ansiedade e vários estudos confirmaram a sua eficácia.

Betabloqueadores

Músicos e outros artistas usam betabloqueadores para controlar os sintomas de ansiedade pela apresentação, ou como se conhece, o "medo de palco". O Comitê Olímpico Internacional proibiu o uso de betabloqueadores por atletas olímpicos, classificando-os como uma "droga de melhora de desempenho", porque ajudam os atletas a permanecer calmos e precisos sob pressão.

Os betabloqueadores funcionam bloqueando os receptores beta da adrenalina. Quando você se anima com algo ou está sob muito estresse, seu corpo começa a produzir adrenalina como parte da resposta "bater ou correr". Essa reação faz com que seu coração bata muito mais rápido, o que pode ser perigoso para pessoas com problemas cardíacos. Os betabloqueadores mantêm a frequência cardíaca baixa, impedem os órgãos de receberem adrenalina e impedem a resposta "bater ou correr". Este conjunto de reações reduz os sintomas físicos de ansiedade, como tremores, tornando muito mais fácil não ser esmagado por sentimentos de ansiedade. Se há algo que você precisa fazer que requer precisão e calma, um betabloqueador pode ajudá-lo a reduzir a ansiedade até um nível em que você consiga lidar com seus compromissos.

Como com outros medicamentos, existem vários tipos diferentes de betabloqueadores. O propranolol é muitas vezes prescrito para a fobia social. Reduz a frequência cardíaca e a pressão arterial por algumas várias horas, para que você possa enfrentar uma situação desafiadora com um pouco mais de confiança. Evite este medicamento se tiver depressão grave, asma, doença pulmonar ou diabetes. O propranolol deve ser evitado por pessoas com determinadas condições cardíacas. Se estiver grávida ou a amamentando, consulte seu médico antes de utilizar.

Outro betabloqueador prescrito para fobia social é o atenolol, que dura mais do que o propranololol e tem menos efeitos colaterais. Tenha cuidado com a ingestão de álcool enquanto estiver tomando este medicamento porque ele pode atuar como sedativo.

Se tiver problemas respiratórios ou de pressão arterial baixa, consulte um médico antes de tomar qualquer um destes medicamentos. Como o uso de betabloqueadores para tratar a ansiedade não foi aprovado, os médicos que os prescrevem para este propósito estão fazendo isso "por debaixo dos panos", por sua própria iniciativa, de maneira experimental. Muitas pessoas pegam betabloqueadores de seus amigos ou conhecidos, em vez de com um médico. Esta não é uma boa ideia, porque você pode não estar atento a alguma outra condição que tornaria inseguro o uso destes medicamentos. Além disso, não há estudos que demonstrem exatamente como eles funcionam. Algumas pessoas sentem menos ansiedade quando tomam betabloqueadores, mas outras ficam ainda mais ansiosas.Os betabloqueadores também podem causar efeitos colaterais como náuseas, diarreia, disfunção sexual e pesadelos. Por todas estas razões, é importante que se tome betabloqueadores apenas se você tem uma prescrição legítima.

Outra preocupação com os betabloqueadores é que eles podem não reduzir seus sintomas o suficiente para permitir que sua ansiedade esteja sob controle. Não faz muito sentido continuar uma medicação se ainda não consegue fazer as coisas que quer fazer. Se estiver usando betabloqueadores, mas seus sintomas não melhoraram o suficiente para fazer a diferença, fale com o seu médico sobre outras opções.

Benzodiazepina

Outra medicação que alguns médicos prescrevem para ansiedade é a benzodiazepina, muitas vezes conhecida pela abreviação "Benzo". Uma benzodiazepina atua aumentando a eficácia de um neurotransmissor chamado ácido gama-aminobutírico ou GABA, que possui um efeito sedativo. A benzodiazepina é muito utilizada para tratar a insônia por esta razão.

A benzodiazepina é bem eficaz na gestão dos sintomas do transtorno de ansiedade generalizada por um período de duas semanas a um mês. É mais provável que o seu médico prescreva uma benzodiazepina para o ajudar a controlar os sintomas de forma mais imediata, para que possa trabalhar as causas da ansiedade através de outra abordagem, como com Terapia Cognitivo-Comportamental.

A eficácia da benzodiazepina diminui com rapidez, após cerca de um mês ou seis semanas, pode não ser melhor do que tomar um placebo. A Associação Canadense de Psiquiatria, por exemplo, considera a benzodiazepina como uma opção de "segunda linha" para o tratamento de transtornos de ansiedade, a ser usada apenas se o uso de antidepressivos se mostrar ineficaz. O Instituto Nacional de Saúde e Excelência Clínica do Reino Unido considera as benzodiazepinas eficazes para a gestão de sintomas a curto prazo, mas recomenda que não sejam utilizadas por mais de quatro semanas.

As benzodiazepinas também são prescritas para Síndrome de pânico. Como age como sedativo, pode interromper os sintomas de um ataque de pânico de modo rápido. Alguns médicos consideram as benzodiazepinas mais eficazes a curto prazo, preferindo usar um ISRS ou algum tipo de terapia conversacional para o tratamento de longo prazo. Outros consideram as benzodiazepinas uma escolha eficaz para o tratamento contínuo de síndrome do pânico, com a vantagem adicional de ser muito mais rápido do que qualquer ISRS.

De acordo com a Associação Psiquiátrica Americana, não há provas suficientes para decidir entre as duas abordagens. O Instituto Nacional de Saúde e Excelência Clínica do Reino Unido discorda, ressaltando que os pacientes costumam desenvolver tolerância a benzodiazepinas após cerca de seis semanas. No entanto, a eficácia das benzodiazepinas na gestão a curto prazo dos ataques de pânico não é contestada.

Algo a se considerar antes de tomar benzodiazepina é que pode ser formadora de hábitos. A pessoa pode vir a ficar dependente da medicação e sofrer sintomas de abstinência se parar, apesar de já não ser de ajuda no controle dos sintomas da ansiedade. Nunca se deve parar de tomar uma benzodiazepina de repente, em vez disso, fale com o seu médico sobre a elaboração de um plano para diminuir a ingestão de forma gradual. O seu médico também pode ajudá-lo a lidar com quaisquer sintomas de abstinência que desenvolva.

Algumas pessoas também experimentam "efeitos paradoxais" com o uso benzodiazepina, o que significa que seus sintomas pioram em vez de melhorar. Em alguns doentes com depressão grave, as benzodiazepinas podem agir como gatilho para tendências suicidas.

As benzodiazepinas podem ser perigosas se tomadas em combinação com outras drogas, álcool ou opioides, suplementos herbais, ou mesmo suco de toranja ou a fruta toranja. Há também uma série de outros problemas de saúde que podem tornar a ingestão de benzodiazepinas insegura, então você nunca deve tomar, exceto sob a orientação de um médico.

A família das benzodiazepinas inclui medicamentos como alprazolam, bromazepam, clonazepam, diazepam, triazolam e outros.

Outros Ansiolíticos

Uma série de outros medicamentos também podem ser usados como "ansiolíticos", ou drogas que controlam os sintomas de ansiedade. Os barbitúricos são uma classe de sedativos que podem ser usados para controlar os sintomas de ansiedade, mas já não são tão prescritos porque o potencial de adicção é muito elevado. Carbamatos foram usados como um sedativo ansiolítico no passado, mas agora são pouco usados pela mesma razão.

Um anti-histamínico chamado hidroxizina pode ser usado no lugar das benzodiazepinas para controlar o transtorno de ansiedade generalizada. Difenidramina e Clorfeniramina às vezes são prescritas por "debaixo dos panos" por suas propriedades ansiolíticas.

Opioides como a buprenorfina são por vezes usados como ansiolíticos porque funcionam como sedativos, mas a maioria dos médicos prefere evitá-los devido ao fato de que são altamente viciantes.

Muitos ansiolíticos têm esse potencial, então eles não costumam ser a primeira escolha para lidar com um transtorno de ansiedade, exceto a curto prazo. Em geral, a Terapia Cognitivo-Comportamental e suas variantes continuam a ser a melhor escolha para a maioria dos transtornos de ansiedade, seguida pelos antidepressivos como ISRSs e ISRSNs.

CONCLUSÃO

Obrigado por chegar até o final deste livro, esperamos que tenha sido informativo e capaz de fornecer todas as ferramentas que você precisa para alcançar seus objetivos quaisquer que sejam. Agora que você leu o livro, você tem a informação que precisa para se aliviar da sua ansiedade, mas cabe a você agir com base na informação.

O próximo passo é começar a fazer as mudanças descritas no capítulo um, para que você possa começar a se sentir melhor e sentir menos ansiedade logo. Enquanto faz essas mudanças, marque uma consulta com um terapeuta que possa ajudar você a se sentir melhor.

A maioria das pessoas começa a fazer terapia sem uma ideia clara do que esperar, mas agora você sabe algo sobre os diferentes tratamentos que seu terapeuta pode usar. Se o seu terapeuta usar Terapia Cognitivo-Comportamental, terapia de exposição, terapia de aceitação e compromisso ou qualquer outra forma de tratamento você terá uma noção mais clara do que esperar. Se indicarem o uso de antidepressivos ou algum outro tipo de medicação, vai saber identificar o que é e como funciona, e especialmente o que se espera que ele faça por você.

Não há razão para continuar a sofrer quando se consegue ajuda para as coisas que nos incomodam. Não importa o quão grave seja a sua ansiedade ou o tempo que já vem lutando, não precisa aceitar como algo definitivo em sua vida. Quando tiver a ajuda de que precisa, irá sentir-se melhor. A informação neste livro é destinada a encorajá-lo a dar o próximo passo em encontrar alívio genuíno.

Parte 2

Introdução

Obrigado por fazer o download deste livro.

Se fez o *download* deste livro, é possível que você ou um ente querido tenha ansiedade ou sentimentos de medo, preocupação ou nervosismo no que diz respeito à sua vida quotidiana ou futura. Ser-se um pouco nervoso em relação ao futuro é normal, mas as pessoas que sofrem de ansiedade gastam uma significativa quantidade de tempo preocupadas com as suas decisões. Sentem o impacto emocional e físico dos seus medos na sua vida diária. Os transtornos de ansiedade tornaram-se na doença mental mais comum nos Estados Unidos, com aproximadamente 18% da população sofrendo da doença. E de facto, esta foi a preocupação de saúde mais reportada nas universidades de toda a nação americana. No nosso estilo de vida apressado, muitos jovens sentem simplesmente que não conseguem lidar com tudo aquilo que lhes é exigido. Podem também haver outros sinais de alerta incluídos na sua árvore genealógica – pois as pesquisas de facto comprovam que a ansiedade é hereditária. Se além disso apresenta sintomas físicos ou tem outras doenças, em conjunto com o consumo de álcool ou drogas, é possível que a sua ansiedade seja muito mais acentuada.

O mais importante é começar por identificar em que nível de ansiedade você se enquadra. Se tem sentimentos moderados, pode ser capaz de os controlar com exercícios distintos ou mudanças no seu estilo de vida. É aqui que este livro entra! Desejamos trazer-lhe 30 desafios para que possa experimentar algo novo todos os dias de cada mês de forma a que consiga gerir e atenuar a sua ansiedade diária. Podem ser desafios físicos, sociais, ou desafios que o estimulem a focar-se no carinho emocional por si próprio. Esperamos que estes desafios o impelem a tentar algo novo e a sentir-se melhor a lidar com o *stress* na sua vida.

Se os seus sentimentos de ansiedade são mais sérios, incluindo outras ramificações a nível físico, pode precisar de tratamento médico e insistimos que contacte o seu médico de família (ver Capítulo 3).

Existem vários livros sobre este tema no mercado, por isso uma vez mais muito obrigado por escolher este livro!

Capítulo 1: Mexa-se!

Sabemos que o exercício físico e a libertação de serotonina neurotransmissora ajudam a manter a saúde mental. Podem reduzir o *stress*, melhorar a sua concentração e a função geral do cérebro, e ajudam-no a ter o seu tão merecido sono! A libertação natural de endorfinas atua como um analgésico para o corpo e ajudam a reduzir sentimentos de *stress* ou desconforto. O exercício aeróbico em geral coloca o seu coração a bater e pode reduzir a tensão e aliviar o seu humor.

É por isso que esta secção é toda sobre como se pôr a mexer!

Faça Exercício

Gostaríamos de dizer isto da melhor maneira possível mas... levante-se e ponha-se a mexer! Está comprovado cientificamente que as pessoas ativas tendem a ter menores níveis de depressão do que aquelas que levam uma vida sedentária. Exercite-se – faça especialmente exercício aeróbico que ponha o seu coração a bater e os seus músculos a doer – melhore a saúde mental do seu cérebro e lide melhor com o *stress*. Além disso, a libertação de endorfinas pode ter um efeito prolongado, estando comprovado que alivia o *stress* durante horas a fio.

Isto não significa que funcione da mesma forma para toda a gente. Cada indivíduo é diferente, e alguns podem não verificar uma diferença significativa na saúde mental depois de uma sessão de exercício. Mas nunca se sabe até experimentar! Estabeleça um horário para isso na sua agenda e torne o exercício físico uma prioridade. Experimente uma vez por semana, depois duas vezes, depois à medida que o seu horário lhe permita. Invista em algum equipamento de treino, inscreva-se num ginásio local e arranje um colega de ginásio... todas estas dicas podem ajudá-lo a tornar-se mais motivado para fazer exercício e a criar uma rotina de consistência. Não se trata de ir apenas uma vez – trata-se de ir regularmente. Experimente e veja como se sente. Sentiu o seu *stress* aliviado? Sentiu-se mais calmo e leve, em vez de agonizar sobre algo pessoal ou relacionado com o trabalho? Sentiu que começou a dormir melhor em vez de passar a noite às voltas? Se a resposta a alguma destas perguntas foi *sim*, então veja como uma boa rotina de exercício é a chave para o ajudar a manter um estilo de vida saudável e para gerir a sua ansiedade.

Experimente yoga ou meditação

Apesar de muitos médicos e psiquiatras ainda permanecerem relutantes no que diz respeito à recomendação de *yoga* aos seus pacientes, esta prática começa a tornar-se num tratamento generalizado para a ansiedade e depressão. As atitudes perante a *yoga* estão a mudar, deixando de ser considerado um exercício de índole "hippy", para passar a ser um verdadeiro método de relaxamento que é holisticamente aceite. Em 2011, pesquisadores de Harvard descobriram que quase 3% dos Americanos foram aconselhados pelos seus médicos a praticar *yoga* – especialmente quando tinham ansiedade ou depressão. Esse número aumenta todos os anos à medida que os médicos aprendem como a meditação e a *yoga* contrariam a ansiedade e relaxam o corpo fisica e mentalmente.

As pesquisas mostram que meramente 20 a 30 minutos por dia gastos a meditar prometem melhorar a saúde mental de um indivíduo. A *yoga* também é recomendada a pessoas que sofreram outros traumas como TSPT (Transtorno de S*tress* Pós-Traumático), vítimas de violência ou depressão. A presença física que a *yoga* requer é perfeita para neutralizar uma mente ansiosa. Em vez de agonizar acerca do futuro e todas as coisas que poderiam correr mal, a *yoga* requer a sua total atenção no exercício do momento – abraçando o seu corpo, esticando certos músculos, inspirando e expirando a determinado ritmo. Com a sua mente focada no presente, terá menos tendência a pensar no passado ou no futuro. Isso irá permitir que se concentre no *agora*.

Um estudo da Escola de Medicina de Wake Forest reportou que durante 20 minutos de meditação, o *córtex pré-frontal ventromedial* (a área do cérebro que tenta eliminar todos os sentimentos de preocupação) é ativado. O *córtex cingulado anterior* (a área que controla o pensamento racional) acende, indicando que o seu cérebro está a tentar dispersar preocupações emocionais e em vez disso a tentar pensar logicamente – e é exatamente isso que queremos! Quanto menos emocional você for acerca dos problemas da sua vida, mais *logicamente* você pode aproximar-se deles encontrando uma solução possível. A ansiedade domina-o e faz com que você pense somente de formal emocional. O mesmo estudo de Harvard descobriu que quando faz *yoga* o seu cérebro liberta um neurotransmissor chamado GABA ou ácido gama-aminobutírico que trabalha para captar os mesmos recetores neurais como um medicamento para a ansiedade. Quanto mais *yoga* e meditação forem praticados, mais os níveis GABA aumentam e os pacientes notam mudanças positivas no seu humor em geral e menos sinais de ansiedade.

Dance enquanto ouve música

A música é um poderoso medicamento natural. É verdade; pode realmente aliviar a dor e a ansiedade, assim como eleva o seu espírito e melhora de imediato o seu humor. Um novo campo de "terapia musical" fez com que os terapeutas trabalhassem com indivíduos de todas as idades para os ajudar a comunicar as suas experiências difíceis através do uso de instrumentos musicais ou da sua voz para transmitir os seus sentimentos. O compasso, o tempo, as letras e a voz numa música contribuem num todo para a nossa reação emocional a uma música. Exames neurológicos provam que os nossos cérebros são ativados pela música e que ela tem o poder de mudar aquilo que pensamos e como nos sentimos.

Por isso, encorajamo-lo a pôr uma boa lista de músicas e divirta-se! Use música familiar com a qual você tem uma memória associada, como a do primeiro concerto a que foi, ou a música do seu baile de finalistas. Escolha canções que o façam sentir-se bem e que elevem o seu estado de espírito; canções com as quais sente que tem uma conexão e que lhe trazem uma mensagem forte e positiva. Todos sabemos que podem haver músicas que o "põem em baixo", mas queremos o contrário. Queremos que escolha as canções que o fazem sentir-se bem, com vontade de cantar e em alta!

E não tenha receio em escolher canções sem letra. Por vezes apenas uma sinfonia instrumental pode trazer-lhe um humor relaxado e forçá-lo a focar-se simplesmente na harmonia da música. A música instrumental ou música clássica são grandes alternativas e podem ajudá-lo a encontrar o humor desejado para relaxar e esquecer as suas preocupações.

Vá dar um passeio
Estudos demonstram que uma caminhada de apenas 10 minutos no exterior pode ter exatamente os mesmos efeitos do que 45 minutos de exercício vigoroso! É verdade, tudo o que precisa fazer é sair e dar uma caminhada e poderá colher os benefícios de uma aula de ginástica. O exercício funciona de forma a aliviar a ansiedade e a depressão, e pode levantar o seu estado de humor. Uma caminhada ativa pode dar-lhe os efeitos temporários do bom humor que o pode acompanhar durante horas a fio. O seu cérebro ajusta-se muito melhor a lidar com o *stress* e poderá sentir-se mais ativo durante o dia. Apenas 20

minutos de exposição ao ar livre pode revitalizar o seu cérebro! Richard Ryan, doutorado em filosofia e autor principal na área afirmou: "A natureza é combustível para a alma".

Assista ao Pôr do Sol/Nascer do Sol
Reserve algum tempo do seu dia atarefado para assistir ao pôr do sol (ou ao nascer do sol) e sinta a mudança no seu bem-estar emocional e espiritual. Estudos científicos revelaram que observar o pôr do sol ou o nascer do sol ajuda a combater a depressão e ansiedade e a conseguir uma melhor disposição. É verdade – existe algo mágico em pôr de parte algum tempo do seu dia atarefado e apreciar a vista. É é gratuito! Todos os dias, a natureza concede-lhe um espetáculo fantástico de cores à medida que o sol nasce ou se põe, e você é livre para o absorver. Simplesmente despenda de um minuto para se focar – não nas suas preocupações, ou medos, ou nos planos

tem para logo. Você precisa estar presente *no momento* para que não perca a vista única que a natureza lhe proporcionou.

Assistir ao nascer do sol é uma metáfora poderosa para o novo dia que tem em frente. Tudo é possível. Você tem a hipótese de criar novas oportunidades, criar novas relações, e tomar novas decisões que criem impacto em si e nos outros à sua volta. É inspirador pensar nisso – temos um novo início todos os dias em podemos fazer o que quisermos. O mundo inteiro (bem, o seu cantinho no mundo!) está a acordar e pronto para aproveitar o dia.

Está a ter um dia mau ou *stressante* no trabalho? Sente-se preocupado com o que o espera? Reserve um minuto para ver o pôr do sol e ter noção que o dia está a chegar ao fim. Todos os dias tem um pôr do sol à sua disposição e eles conferem um sentido romântico e de admiração à sua vida. Isso força-o a pôr de lado o seu telefone, afastar-se da TV e a focar-se apenas no milagre natural do horizonte.

Um estudo de 2012 revelou que os participantes que estão dispostos a sentir-se maravilhados pela natureza, sentem-se mais satisfeitos com a sua vida e são menos impacientes. Mahatma Gandhi disse em tempos: "Quando admiro as maravilhas do pôr do sol ou a beleza da lua, a minha alma expande-se em reverência ao criador". Quer você seja uma pessoa espiritual ou não, observar o majestoso sol descer do horizonte é algo poderoso e você não tem outra hipótese senão esquecer as suas preocupações e apreciar a natureza, mesmo que por apenas alguns minutos antes de retomar o decorrer da sua noite. Você não tem de dirigir até uma vista de cinema nem tem de fazer nada especial para apanhar o nascer do sol ou o pôr do sol. Simplesmente vá até à sua varanda ou ao seu pátio e aprecie a vista!

Experimente uma nova técnica de respiração

Quando o seu corpo entra em modo de pânico, a sua respiração muda subitamente. Em vez de inspirar profundamente, você começa a respirar rapidamente, sem profundidade e entra em hiperventilação, o que pode causar uma série de outros sintomas físicos. Para combater estas alterações, é importante estimular o sistema nervoso parassimpático do corpo. Este sistema é aquele que trabalha para acalmar o corpo durante alturas de *stress*.

Seguem-se alguns tipos de exercícios de respiração que deve experimentar:

Respiração Natural: Inspire lentamente uma quantidade normal de ar através do seu nariz e encha apenas os seus pulmões superiores. O seu estômago irá expandir à medida que o seu peito permanece quieto. Expire calmamente.

Respiração Calmante: Inspire uma grande quantidade de ar através do seu nariz e primeiro encha os seus pulmões inferires e de seguida os seus pulmões superiores. Segure a sua respiração enquanto conta até três. *Um, dois, três* e expire lentamente franzindo os seus lábios e relaxando os músculos do seu queixo, ombros, estômago e cara.

Contagens Calmantes: Inspire profundamente uma grande quantidade de ar e expire enquanto diz para si próprio a palavra *relaxa*. Feche os olhos e faça dez sequências de respiração iguais. Cada vez que expira, conte de forma decrescente começando no "dez". Aperceba-se da tensão que sente e lentamente tente relaxar os músculos que se encontram mais tensos. Quando chegar ao "um", abra os olhos e tenha em consideração a forma como se sente agora.

Quando se sentir apto a controlar com sucesso a sua respiração, os níveis da sua respiração e do seu coração irão reduzir e a sua pressão arterial irá baixar. A súbita tensão dos seus músculos irá aliviar, e você começará a sentir uma sensação de calma à medida que se sente com a mente mais lúcida. Se for principiante nos exercícios de respiração, existem muitas aplicações disponíveis para o guiar! Tente seguir as instruções dos guias e verifique se os exercícios de respiração são aquilo que precisa para se acalmar e obter um momento de leveza num dia atarefado.

Deite-se cedo – e desligue o telefone!
O sono é importante! Somos provenientes de uma cultura em que temos umas horas de sono durante o dia quando somos pequenos – para uma cultura de movimento e atividade constantes, onde o sono se torna a menor prioridade da nossa lista. Um estudo da Universidade de *Binghamton* de Nova Iorque revelou que os adultos que dormem menos horas durante a noite, tiveram reações mais

fortes a imagens negativas que lhes foram mostradas, e reações menos fortes a imagens positivas e neutras. Isto sugere que quando nos privamos de algumas horas de sono é causada a incapacidade de suprimir estímulos negativos, o que pode afetar em grande escala o nosso humor e a ansiedade. Esta é a grande explicação para que se compreenda porque é que as pessoas que não tiveram uma boa noite de sono têm tendência a estar rabugentas e irritáveis no dia seguinte! Acredita-se que a falta de sono baixa a nossa função cognitiva.

A Associação Americana de Transtornos de Ansiedade revelou que 75% dos adultos dizem que os seus problemas de sono aumentaram o seu *stress* e ansiedade e afetaram a sua capacidade de concentração no dia seguinte. Este ciclo viciante é sufocante e não pode ser alterado enquanto você não tornar o seu sono uma prioridade. No sentido de combater os seus problemas de sono, estamos aqui para dar-lhe algumas dicas para tentar melhorar a sua experiência de sono.

- Faça exercício! Tal como já foi falado no início deste capítulo, o exercício baixa a ansiedade e pode melhorar o seu sono. Tente não fazer exercício imediatamente antes de dormir porque isso pode provocar o efeito contrário – a libertação de endorfinas iria mantê-lo acordado. Deve praticar exercício ao final da tarde ou da noite de forma a torná-lo efetivamente cansado até ser hora de ir dormir.

- Acalme a sua mente. Tente usar técnicas de relaxamento de forma a acalmar a sua mente e assim combater os pensamentos negativos. Reserve algum tempo para meditar, praticar *yoga* ou exercícios de respiração para relaxar (ver as secções anteriores!).

- Prepare o seu ambiente. Certifique-se de que o seu quarto se encontra perfeitamente preparado de forma a permitir-lhe adormecer confortavelmente. Deve reduzir a luz e o som e manter a temperatura um pouco mais fria do que o costume. O som de máquinas poderá ajudá-lo a ignorar os ruídos do exterior. Experimente pôr música relaxante e suave ou utilize uma aplicação para tocar sons naturais como o da chuva ou o das ondas do oceano que o poderão embalar de forma a cair no sono. Um difusor que liberte as suas fragrâncias favoritas também o poderá ajudar a adormecer (nós recomendamos lavanda!). Um banho ou duche antes de dormir também ajuda a baixar a sua temperatura corporal, o que lhe permitirá adormecer mais rapidamente.

- Limite os ecrãs. Temos de o dizer – a ciência está correta. Os raios do seu telefone, *tablet* e TV emitem uma luz que mantém o seu cérebro ativo. Pode achar que fazer pesquisas na internet ou responder a e-mails antes de dormir é um bom método para adormecer, mas de facto, isso faz com o que seu cérebro continue em alerta. Os especialistas no sono recomendam pôr de lado todos os aparelhos pelo menos uma hora antes de ir dormir. Em vez de procurar o seu ecrã, recomendamos que encontre outra atividade como a leitura de livros ou jornais. Por isso, programe o alarme e deixe o seu telemóvel de lado! Não se preocupe, todos os e-mails que tem por responder ainda estarão à sua espera na manhã seguinte!

Visite o oceano

Como humanos, as nossas culturas ancestrais sempre foram naturalmente induzidas para o oceano. Na Roma Antiga, as casas de banho eram fulcrais para a sociedade. A medicina chinesa via a água como a chave para manter o equilíbrio do corpo e servir de auxílio na felicidade. Hoje em dia, continuamos sem conseguir manter-nos afastados da água. Nadamos, navegamos, mergulhamos e adoramos um banho relaxante depois de um dia fatídico. Num mundo onde somos constantemente bombardeados com ruído, visitar o oceano pode dar-nos uma pausa de todas as exigências da vida. De facto, o Censo de Saúde Inglesa reportou que os cidadãos que viviam perto da costa marítima revelavam uma saúde física e mental melhor do que aqueles que viviam longe! Este é outro dos motivos para uma propriedade perto do mar ser tão cara! Explica ainda porque é que os havaianos ganharam a pesquisa de Gallup como tendo o #1 Estado Mais Feliz desde 2008, não é?

O som da água é tão simples – e no entanto, tão relaxante - depois do bombardeamento de ruídos com que somos obrigados a lidar no dia-a-dia das nossas vidas. Junte esse som com a visualização de permanecer à beira do vasto oceano e a olhar para o horizonte… isso faz-nos logo desejar um dia de praia! O seu cérebro relaxa e é envolvido na vista

– apenas uma vista e um som – é o que lhe está a proporcionar. O som constante e rítmico é quase hipnotizante e ativa o sistema nervoso parassimpático do cérebro que lhe permite sentir-se mais relaxado. Isto leva-nos a ter de novo a sensação de admiração (ver *"Assista ao pôr do sol"*) e permite que nos sintamos mais conectados com o mundo natural à nossa volta. As ondas do cérebro entram num estado de atividade mais descansado e trazem um sentimento de calma e serenidade. A cor azul sempre esteve associada a sentimentos de calma e paz, com um impulso de criatividade. E acredita-se que os espaços verdes e azuis têm um efeito terapêutico nas pessoas.

Até mesmo o ar do oceano tem um efeito de cura! Os átomos de oxigénio que vêm da brisa do oceano têm naturalmente um elétron extra na sua estrutura química. O Jornal de Medicina Complementar Alternativa acredita que este ião negativo pode ajudar a aliviar o seu mau humor e pode mesmo tratar sintomas de ansiedade e transtorno afetivo sazonal.

Visite um ponto de referência histórico onde ainda não foi

Onde quer que você viva, é aí que é a sua casa. Quer você já viva aí desde que nasceu, quer tenha apenas mudado recentemente por motivos de trabalho ou estudos. Por vezes tornamo-nos tão ocupados com as nossas vidas diárias que na verdade nunca temos oportunidade de explorar o mundo fora das nossas quatro paredes. Toda a gente está ocupada com compromissos de trabalho, amizade, família, *hobbies*, entre tantos outros. Com os nossos horários preenchidos, não temos tempo para explorar os nossos próprios arredores e pontos de referência históricos que são únicos na nossa cidade. De facto, um estudo recente revelou que imensos nova iorquinos admitem não ter ainda visitado a Estátua da Liberdade ou o topo do Edifício *Empire State*, apesar de trabalharem ou viverem a apenas alguns minutos de distância! É verdade! Parece ridículo, considerando que esses locais estão no topo das atrações turísticas de todo o mundo, mas é simplesmente o que acontece quando estamos demasiado focados na nossa pequena fatia de vida – esquecemo-nos de ver a imagem em grande escala e os enormes monumentos à nossa volta!

Para esta tarefa, aconselhamo-lo a pensar nos locais da sua cidade que ainda não visitou. Pode ter-se mudado para essa casa há pouco tempo ou ter estado demasiado ocupado para passear ou simplesmente ter ficado preso na rotina mundana da escola ou trabalho para tirar um dia de folga. Tome nota de um local na sua zona e estabeleça a missão de o visitar! Você não quer perder a oportunidade de visitar um marco local que oferece alguma significância histórica ou de entretenimento.

Reduza o consumo de cafeína e álcool
É verdade que a cafeína pode ser muito apelativa de manhã, mas beber muito café, principalmente se o fizer muito tarde ao fim do dia, pode aumentar a ansiedade e a inibição do sono. Os químicos funcionam para bloquear a indução de sono e para aumentar a produção de adrenalina do corpo. A cafeína começa a agir um pouco a cada 15 minutos mas pode levar até 6 horas a deixar o corpo – apenas metade da cafeína consumida. De forma a combater o efeito da cafeína no seu corpo, tome nota de quantas bebidas com cafeína é que você consome e o quão tarde as ingere. Apesar de metade dos americanos admitirem usar bebidas com cafeína para afastar a sonolência ao longo dia, o melhor é evitar as bebidas com cafeína pelo menos 2 a 3 horas antes da hora de ir dormir. Dessa forma, o seu corpo será capaz de se livrar da cafeína consumida ao longo do dia, sem voltar a aumentar o seu estado alerta. Tenha em mente que a cafeína não é *apenas* café,

existem muitos outros estimulantes como o chocolate, as bebidas com gás, alguns chás e bebidas que contêm xarope de frutose. Existem sempre alternativas, beba chás para dormir como o de camomila ou gerânio que são livres de cafeína. Estes ajudam o corpo a produzir melatonina, a hormona natural que o corpo produz para o ajudar a sentir-se com sono.

O álcool, por outro lado, é um depressivo e todos os americanos que o consomem admitem que o fazem para os ajudar a dormir. De facto, a ideia de que um bom copo de vinho antes de ir para a cama o ajuda a dormir é comum, e funciona... *parcialmente*. O álcool pode ajudá-lo a adormecer mais rapidamente, mas provoca uma má qualidade de sono ao longo da noite. O corpo produz um químico chamado adenosina que aumenta depois da ingestão do álcool para o ajudar a adormecer rapidamente, mas este diminui tão rapidamente quanto foi produzido e faz com que acorde facilmente. O álcool está ligado a uma menor atividade das ondas de sono - atividade delta. Esta atividade é a que está associada ao sono profundo que permite que o seu corpo recarregue e rejuvenesça durante a noite. Com álcool no seu sistema, estas ondas cerebrais ficam limitadas, e você não irá acordar com a sensação de descanso que deveria.

O sono REM é considerado a fase mais importante do sono em que o seu corpo tem mais probabilidade de sonhar e os seus músculos ficam mais relaxados. Esta é a fase que o deixa com a sensação de ter descansado. Mas se existir álcool na sua corrente sanguínea, ele irá bloquear o sono REM e existem mais possibilidades de se sentir atordoado depois de uma noite inteira de sono.

E, vamos expor os factos – o álcool é um diurético. Normalmente, quando chega a hora de dormir, o seu corpo sabe que tem sono e irá trabalhar em conjunto consigo de forma a que não precise de mais idas à casa-de-banho durante a noite. Mas o álcool funciona de forma oposta. Ele acorda a sua bexiga a meio da noite, o que o faz interromper o seu padrão de sono normal.

Elimine o açúcar da sua dieta
Os elevados níveis de açúcar no sangue estão associados à falta de sono, e a falta de sono está associada aos elevados níveis de açúcar no sangue. Sim, outro ciclo! Quando os níveis de açúcar no sangue aumentam, é também aumentado o risco de diabetes – especialmente em pacientes que já se encontram em risco pela sua genética. Os pacientes com diabetes Tipo I que apenas têm 4 horas de sono por noite têm a sua sensibilidade à insulina reduzida por 20%, quando comparados com pacientes que tiveram uma noite completa de descanso. A privação de sono está associada à baixa tolerância de glucose e ao decréscimo das hormonas que controlam o seu apetite. Isto pode causar a ânsia por petiscos a meio da noite que irão apenas afetar os níveis de glucose.

Quando você está a dormir, o corpo entra numa fase de sono profundo e produz um aumento de hormonas de crescimento e um decréscimo da hormona cortisol. Por este motivo, o sono profundo é considerado muito importante para regular a glucose do corpo. O sono interrompido e um ciclo de sono pobre estão associados ao aumento de peso e ao risco de diabetes.

Quando consome uma grande quantidade de açúcar antes de ir para a cama – chocolates, bolos, gelados, sobremesas, só para mencionar uns quantos! - o seu fígado irá tentar livrar-se do açúcar extra, urinando mais. Isto fará com que tenha de sair da cama com frequência para ir à casa-de-banho e assim interrompe o seu sono profundo. À medida que o açúcar começa a sair do seu corpo através da urina, você começa a sentir-se com sede e irá ansiar por beber água.

Capítulo 2: Seja Sociável!

Ainda que algumas pessoas se possam sentir mais ansiosas em ambiente social, a verdade é que quanto mais interações sociais tiverem, menos ansiosas se irão sentir no geral.

Ligações saudáveis são necessárias para que nos sintamos amados e queridos. Não significa que tenha de conhecer alguém completamente novo – procure pessoas que tem na sua vida e que o fazem sentir-se bem consigo próprio e continue a fortalecer esses laços com amigos e familiares. Ou pode tentar conhecer pessoas novas ou envolver-se em novas atividades onde irá conhecer pessoas com interesses em comum.

1. Ajude alguém que precise

Pode parecer contra-intuitivo mas ajudar alguém que precisa irá, por sua vez, ajudá-lo a sentir-se melhor! É verdade! Estudos revelaram que quando as pessoas fazem doações de caridade, a porção do seu cérebro que é responsável por sentimentos de recompensa é ativada e elas sentem-se felizes com a sua ação. E não tem de ser ajuda financeira! Em termos práticos, os psicólogos acreditam que quando você ajuda outra pessoa e realiza um ato de boa vontade, você experiencia algo que é conhecido como "elevação daquele que ajuda". Você sente um acréscimo de auto-estima devido à boa ação que praticou. O Grupo de Saúde Unida revelou que 96% das pessoas que se voluntariaram no ano passado, afirmaram que isso enriqueceu o seu senso de propósito e auto-estima, e 78% acreditam que isso diminuiu os seus níveis de *stress* em geral.

Tendo em conta os números impressionantes dos efeitos positivos em ajudar alguém que precise, recomendamos que você faça o mesmo! Quer seja financeiramente doando às suas causas favoritas (não tem de ser muito!), quer seja fisicamente, voluntariando-se na sua comunidade, pode tentar encontrar a forma adequada para realizar as suas ações de caridade. As atividades que são feitas cara-a-cara são mais eficientes a combater a solidão e sentimentos de isolamento, por isso pode sempre ligar para o seu banco alimentar ou hospital preferido e perguntar se precisam de voluntários. Ou, se preferir animais peludos, ligue para o abrigo de animais! Geralmente, precisam de pessoas para passear ou exercitar os cães, e você pode preferir ter a atenção de um amigo peludo de quatro pernas!

Se não se sentir confortável em novas situações ou em sair de casa, pode sempre tentar encontrar algo que possa fazer no conforto da sua casa. Existem muitas aplicações ou linhas de suporte que precisam de voluntários para falar com pessoas que podem ter problemas de saúde mental ou que podem precisar de alguém com quem falar. Se tem excelentes habilitações literárias, existem imensos trabalhos de assistência que pode fazer a partir de casa e sites onde pode ajudar os outros que têm dificuldades. Existem muitas formas de se aproximar e envolver-se com os outros. Não só estará ajudando os outros, mas também estará a ajudar-se a si próprio!

2. Ligue a um amigo de longa data

"Depois ligo-te!" Ligou? Estamos todos ocupados com as nossas vidas do dia-a-dia e somos os culpados por pôr as nossas amizades em segundo plano. Por isso, esta é a altura de se aproximar de um amigo de longa data! Construir relações sociais é algo que reduz os seus níveis de *stress*, mesmo quando hesita em dar o primeiro passo! Não tem de ser complicado – simplesmente escreva algo a um velho amigo, envie uma mensagem a alguém que tem em mente mas que ainda não teve tempo de entrar em contacto. Se sente ansiedade em falar ao telefone, em vez disso, envie um e-mail ou mensagem de texto. Terá a hipótese de ver que a pessoa se sentiu grata por você ter tomado a iniciativa em voltar a ligar os laços de uma velha amizade. De facto, abraçar aumenta os níveis de serotonina que melhora o seu humor e felicidade em geral! Quando passa tempo com os seus amigos – a falar, a rir, a abraçar – você fica *literalmente* feliz e ao mesmo tempo reduz a sua ansiedade! Ficam todos a ganhar!

3. Vá a um evento social

Todos temos um – aquele evento no calendário que tememos. Quer seja uma festa de aniversário, *baby shower* ou jantar de trabalho, que quase somos arrastados a ir... ou damos uma desculpa e ficamos em casa à noite. Aqui tem o nosso conselho: vá! É isso. Desafiar-se a si próprio para se ajustar a um novo ambiente, encoraja o seu cérebro a acordar e cria um turbilhão de ondas cerebrais. Quando fica simplesmente em casa na sua rotina de sempre, não está a sair da sua zona de conforto. Por isso, ainda que possa parecer irritante, planeie comparecer num evento social e vá. Compre roupa nova ou pense num presente para oferecer. Vá com um amigo ou um membro da sua família para ser ainda melhor. O que quer que seja, irá sentir-se desafiado numa atmosfera nova. Quem sabe, até pode divertir-se!

4. Experimente um novo encontro social

Como já referido na secção "Ajude alguém que precise", a socialização cara-a-cara pode levar a uma redução dos sentimentos de depressão e ansiedade. A socialização é crucial e necessária para que sejam construídos laços e relações com os outros e os laços saudáveis e positivos fortalecem a nossa saúde mental. A Universidade do Estado de Oregon estudou 11,000 participantes e descobriu que aqueles que tinham pouco contacto social presencialmente tinham o dobro dos riscos de desenvolver depressão dois anos mais tarde. Já os participantes que estão com a família e os amigos pelo menos três vezes por semana, têm menos hipóteses de ter depressão ao longo de toda a sua vida.

Com esta nova informação no que diz respeito a laços sociais, encorajamo-lo a experimentar fazer novos amigos. Claro, é difícil e estamos ocupados com as nossas vidas diárias, mas fazer essas novas conexões e forjar novas amizades pode ser a chave para uma vida social gratificante e para afastar sintomas de ansiedade e depressão. Tenha aulas no seu ginásio local ou faça parte de uma equipa de desporto no seu centro recreativo. Encontre um grupo político ativista se é algo que lhe interessa ou procure um local na sua cidade onde se possa inscrever para voluntariado. Há mais atividades sociais para adultos lá fora do que aquilo que pensa – é uma questão de encontrar aquilo que lhe interessa e rodear-se de pessoas que partilham os mesmos interesses. Verifique os seus eventos locais no Facebook ou os *feeds* das redes sociais para ver que aulas ou eventos lhe foram recomendados.

5. Vá à igreja

Esta secção é aplicável a qualquer casa de culto a que você pertença – vá lá! A ciência descobriu que aqueles que são mais religiosos ou espirituais sabem lidar melhor com o stress e a ansiedade. Dr. Roberta Lee do Centro Médico Beth Israel da Cidade de Nova Iorque escreveu que aqueles que "lidam melhor com o stress, curam-se mais rapidamente de doenças e experienciaram benefícios na sua saúde e bem-estar". Num estudo em 126,000 pessoas foi revelado que as pessoas que frequentam regularmente serviços religiosos, aumentaram as probabilidades de vida em 29%. Uau!

Ninguém se vai tornar religioso de um dia para o outro e talvez você nem seja uma pessoa religiosa de todo. Tudo bem. Mas se *é*, ou se tem um senso de identidade espiritual seja lá em que denominação for, não tenha receio de o acolher. Vá às casas de culto locais ou encontre-se com o líder religioso. Vá às aulas, apoie os grupos existentes e estabeleça um ponto para participar. É possível que a conexão com a sua fé seja aquilo que você precisa para reduzir a ansiedade e o *stress* na sua vida.

6. Fale com alguém que passou pelo mesmo

Falar com os pais ou com a pessoa amada pode ser intimidante, especialmente quando se sente *stressado* com as situações na sua vida e se preocupa com o facto de ser julgado. Mas a verdade é que, não existe substituto para uma boa figura parental ou alguém na sua família com quem tenha uma boa relação. Isto é especialmente verdadeiro se está ciente de que eles também têm sintomas de ansiedade. De facto, pesquisas científicas afirmam que a partilha de sentimentos de *stress* com alguém que passou pelo mesmo que está a experenciar ajuda a reduzir o *stress* no geral. É como diz o velho ditado: "Tristeza partilhada é tristeza pela metade, alegria partilhada é alegria em dobro".

Quando fala com alguém que passou pelos estágios da vida que você está agora a passar, você torna-se mais esperançoso de que também irá ultrapassar o problema com que está a lidar.

Se está preocupado com o trabalho, fale com alguém que tenha conquistado a fase assustadora de candidaturas de emprego e entrevistas e acabou por aterrar no seu trabalho de sonho. Se está preocupado com o seu casamento e vida de casado para breve, fale com alguém que tenha casado e que espelha o tipo de relação acolhedora que você deseja ter. O mesmo se aplica à paternidade iminente! O simples facto é que, quando partilha as suas preocupações com alguém que passou por experiências semelhantes, sente-se melhor a lidar com qualquer tipo de tarefa que tenha pela frente.

7. Desligue-se das redes sociais

No clima atual de constante interação social, por vezes a melhor forma de acalmar os nervos é tornar-se *anti*ssocial. Os meios de comunicação sociais estão constantemente à nossa volta. Seja qual for a aplicação que você verifica dez vezes por dia, pode ser uma fonte de *stress* para si, em vez de uma fonte de relaxamento. Pense naquilo que lhe provoca estímulos. Sente-se infeliz quando vê fotos dos seus amigos em eventos e sente-se colocado de parte? Sente-se invejoso quando vê as compras dos outros enquanto você luta contra as dívidas? Sente ciúmes quando vê alguém com uma pessoa que gosta? Se se tornar ciente dos seus estímulos, é mais fácil para si manter-se longe dessas imagens e das aplicações que despertam o seu lado emocional. Não há nada de errado em tirar umas pequenas férias das redes sociais. São uma presença constante nas nossas vidas, e frequentemente não temos como não nos sentir acorrentados aos nossos telemóveis e computadores. Claro, podem ser necessários para o trabalho, mas pode não ser assim tão necessário verificar o Instagram 10 vezes por dia ou agonizar com os estados dos outros no Facebook. Se você sente que está a ser consumido e perturbado pela mídia social em vez que estar a desfrutar a conexão com os outros, não hesite em fazer uma pausa. Não apenas durante algumas horas – mas durante alguns dias! Apague a aplicação se achar necessário e diga a si próprio que *irá* tirar alguns dias e voltará com uma nova perspetiva. Uma pausa pode ser tudo o que precisa.

Por outro lado, envolva-se em mensagens positivas nos seus perfis sociais. Em vez de se focar no lado físico (compras, corpos de verão, cultura de celebridades, etc.), foque-se naquilo que gosta e que o faz sentir-se bem. Siga mais perfis de poesia, citações inspiradoras, fotografia, ou perfis que partilham fotos de animais bebés! Não tem de se sentir mal por seguir aquilo que lhe põe um sorriso na cara. Afinal de contas, é *o seu* perfil de redes sociais, e pode seguir aquilo que quiser! Porque não seguir aquilo que o faz sentir bem em vez daquilo que o faz *stressar*?

Capítulo 3: Amor Próprio!

Este capítulo é todo sobre VOCÊ! No Capítulo 1 abordámos os benefícios do exercício físico e fundamentámos argumentos para a interação social (Capítulo 2). Mas a verdade é que nada irá ajudar a reduzir a sua ansiedade ou sentimentos de preocupação enquanto não estiver disponível para se compreender melhor. Estas atividades ajudam-no a passar algum tempo de qualidade consigo próprio!

8. Escreva uma lista das coisas que ama em si próprio

Vamos focar-nos em si! Você é um indivíduo único com a sua história pessoal, traços de carácter e personalidade. É importante que *você* saiba isso. Não tenha medo de ser honesto consigo próprio no que diz respeito aos seus bons traços, e como se sente acerca dos seus bons atributos. Ter amor próprio é aperceber-se de como é uma pessoa fantástica, mesmo que outras pessoas ainda não tenham percebido isso por se encontrar num momento baixo da sua vida.

Leve algum tempo a escrever uma lista concentrando-se nas suas boas qualidades. Não se foque nos aspetos físicos – pense nas coisas que realmente importam. É um bom amigo? É um bom filho? É voluntário? Ajuda as pessoas que precisam? É um trabalhador árduo? É honesto? Se consegue dizer *sim* a alguma destas questões, adicione-a à sua lista! O tipo de pessoa que é na vida é definido pelos bons traços que tem. Se tem orgulho neles, não tenha medo de dizê-lo a si próprio e veja a sua auto-estima a aumentar.

9. Cozinhe algo ou prepare doces

Emergiu um novo tipo de terapia que é chamada terapia *culinária*. Estudos revelaram que existem muitos benefícios em passar tempo sozinho a cozinhar e a preparar bolos ou outras iguarias. De facto, adolescentes que têm mais capacidades para cozinhar ou fazer doces, têm tendência a ter poucos sintomas de depressão e uma saúde mental melhor em geral. Preparar doces é uma forma de libertar o *stress* depois de um longo dia. Tal como se estivesse a pintar ou a escrever, aqui você cria algo na cozinha. Estará concentrado numa tarefa que afasta as suas ansiedades e preocupações, nem que seja só por algum tempo. Quer tenha música de fundo ou não, o seu telefone deve estar longe de si para que não hajam distrações além da tarefa que tem em mãos. Não estará a pensar em demasia ou a chafurdar em pensamentos tristes – afinal de contas, quando o cronómetro tocar, você terá de tirar as bolachas do forno! Cheirar os diferentes ingredientes que tem nas mãos estimula os seus sentidos e produz uma aceleração de endorfinas que aliviam naturalmente o *stress*. Quer esteja a medir a quantidade de farinha, a derreter chocolate ou a enrolar massa, os seus sentidos são intensificados.

Julie Ohana, criadora de Terapia da Arte Culinária, escreve que "a tarefa [cozinhar] permite-lhe criar algo que o nutre a si e aos seus, o que pode ser uma experiência muito poderosa". Quando está a dar a alguém produtos confecionados por si, está a ser generoso e isso dá-lhe bons sentimentos (Ver "Ajude alguém que precise"). É equivalente a realizar uma boa ação. Saber que preparou aquele prato do zero dá-lhe uma sensação de realização, e só poderá sentir um aumento de confiança se ficou contente com aquilo que criou.

É importante diferenciar entre cozinhar ou preparar doces que o ajudam a *destressar* versus *stressar* fazendo bolos ou cozinhando coisas que só lhe dão mais *stress* ainda. Se está no meio da preparação de um jantar de Ação de Graças para uma casa cheia de convidados e a agonizar com a questão de como os seus pratos irão ficar, você não se irá sentir calmo! Na verdade, se é alguém que não se sente muito confortável na cozinha, então esta não é a tarefa ideal para si. Mas se gosta de passar tempo de qualidade a fazer algo, a comer aquilo que preparou e a partilhar as iguarias que fez, então esta é a tarefa ideal para si. Dedique algum tempo no seu horário para cozinhar ou preparar doces e irá ficar com uma sensação de satisfação em como gastou tempo a fazer algo que adora.

10. Cuide de si com um dia de *spa*/massagens

O mundo "spa" faz-nos imaginar uma espécie de retiro privado de luxo e geralmente muito caro onde você é mimado e cuidado, e onde as suas preocupações irão desaparecer. Mesmo que não tenha possibilidades de pagar este tipo de tratamentos, é possível ter um dia de *spa* no conforto da sua casa. Você tem simplesmente cuidar de si com aquilo que o acalma. Pense naquilo que o seu corpo precisa e naquilo que o iria agradar. Gosta de passar muito tempo na banheira? Quer muito fazer uma máscara facial? Já não pinta as unhas há muito tempo? Tem andado a pensar experimentar uma máscara de esfoliação? O que quer que seja, você pode torná-lo realidade e captar o humor certo para a atmosfera à sua volta. Ponha música, acenda umas velas, ponha um robe confortável, e prepare-se para relaxar com um copo do seu vinho favorito.

Estudos revelaram que tratamentos *spa* que podem ser reproduzidos em casa para o ajudar a relaxar reduzem efetivamente a ansiedade e criam um sentimento de bem-estar mental e físico. Isso inclui coisas como um banho quente, uma massagem a jato numa banheira de *spa*, uma máscara de lama, etc. Descubra o que funciona melhor consigo para reduzir a sua ansiedade depois de um longo dia para o ajudar a focar-se nos objetivos de amanhã. Uma vez familiarizado com a experiência capaz de acalmar os seus sentidos, será mais fácil para si arranjar tempo para cuidar de si com tratamentos *spa*.

Cuidar de si com uma massagem aqui e ali é uma forma excelente de reduzir a ansiedade e os níveis de *stress*. Um estudo na Clínica Mayo revelou que uma hora de massagens pode reduzir a hormona do *stress* em 30%, apenas numa única sessão. Uma massagem pode fazê-lo sentir-se magnífico fisicamente pois alivia a dor nos músculos e as perturbações de sono (e os efeitos de um colchão irregular!). Mas mentalmente, também confere clareza e paz de espírito. Além disso, os efeitos não são de curta duração! Um estudo descobriu que os níveis de ansiedade permaneceram baixos alguns meses depois de uma sessão de massagens terapêuticas. Aqui está um ótimo investimento!

11. Faça uma lista dos objetivos que quer alcançar

Outra forma fantástica de se focar em si e nos seus planos futuros é criando uma lista de objetivos que pretende realizar. Estes podem ser objetivos a curto prazo que quer obter em breve, ou objetivos a longo prazo que pretende que um dia sejam o desenrolar da sua vida. Permita-se a sonhar alto! Quer seja um trabalho melhor, um carro novo, um apartamento maior, ou objetivos pessoais como a perca de peso, treinar para uma maratona ou fazer exercício, é importante que veja esses objetivos escritos no papel e que decida trabalhar para os alcançar. É possível, desde que planeie cada passo e que se lembre daquilo que poderá obter no futuro. Talvez tenha de abdicar de comer fora de casa para poupar dinheiro. Talvez tenha de acordar uma hora mais cedo para ser forçado a ir ao ginásio. O que quer que seja, deve concentrar-se nos seus objetivos e no caminho que precisa seguir para chegar lá. Talvez tenha de considerar as suas fraquezas e admitir que precisará de mais ajuda para concretizar o seu objetivo. Quer seja tendo aulas ou ajuda no trabalho, tem de ser honesto consigo próprio e ter noção dos passos adicionais que precisa conquistar para alcançar o seu objetivo. Talvez seja necessário incluir um sistema de apoio ou pedir a um amigo que se responsabilize para que não tenha esquecimentos. Tenha uma mente aberta e esteja ciente de que podem haver obstáculos pelo caminho.

Recompense-se com um mimo sempre que concluir um objetivo com sucesso. Alcançar objetivos, mesmo que pequenos, é um sinal de realização. Tenha calma sempre que um objetivo for mais difícil do que pensa ou quando demorar mais tempo do que previa. Algumas tarefas podem requerer mais paciência e pode parecer que as circunstâncias não correm como quer. Desde que se mantenha fiel ao sonho que prevê para o seu futuro, é sempre possível concretizá-lo.

12. Compre óleos essenciais ou velas

Ao longo da última década, a aromaterapia tornou-se um método de incremento de bem-estar e redução de sentimentos de *stress*, ansiedade, e outras doenças mentais.

Os óleos essenciais são óleos puros que são recolhidos de ingredientes naturais, como plantas, flores, frutos ou ervas. Cada fragrância única tem o seu valor medicinal. Podem ser adicionados a produtos de beleza como loções ou sabões, ou difundidos num quarto através de um difusor ou incenso.

Existem certos óleos que costumam ser recomendados para reduzir o *stress*, emoções negativas e para que se sinta bem instantaneamente.

Algumas das nossas recomendações de óleos essenciais são:

- Lavanda: Este é o primeiro óleo essencial a ser recomendado àqueles que têm problemas de sono. De facto, irá reparar que

muitos ambientadores e fragrâncias são de lavanda para promoverem uma boa noite de sono. Um estudo no Jornal de Medicina Alternativa Complementar revelou que os pacientes de insónias tiveram melhorias em 60% na qualidade do seu sono quando usaram lavanda. O cheiro é conhecido por melhorar o bom-humor e pelo seu efeito calmante. Também é usada para o alívio de dores de cabeça e enxaquecas.
- Limão: a fragrância citrina vibrante do limão combate a sensação de cansaço e tristeza. Melhora o seu humor, alivia o *stress* e melhora a concentração.
- *Ylang Ylang*: Este óleo deriva de uma flor e é conhecido por induzir a sensação de conforto. Espalhar um pouco nos pontos dos seus pulsos onde pode ir cheirando ao longo do dia, na sua almofada quando vai dormir, pode conferir uma sensação

de calma. Pode melhorar o seu humor e acalmar os seus batimentos cardíacos.
- Camomila: Se gosta de beber chá de camomila para relaxar depois de um longo dia, este é o óleo essencial perfeito para si. Confere um cheiro de calma e paz que reduz a ansiedade. Um estudo da Escola de Medicina da Universidade de Pensilvânia revelou que a camomila consegue reproduzir os mesmos benefícios de muitos antidepressivos.
- Gerânio: Esta é outra flor que é conhecida pelo seu cheiro calmante. O seu cheiro irá melhorar instantaneamente o seu humor, e algumas pessoas consideram-na calmante o suficiente para as ajudar a dormir.
- Rosa: Talvez a mais popular flor de todas, o cheiro de rosas é conhecido por aliviar a ansiedade e libertar serotonia, a hormona de bem-estar

que o seu cérebro segrega naturalmente. O cheiro de rosas pode animar o seu humor instantaneamente ou levá-lo a uma boa memória ou encontro com alguém que ama.

É fundamental ter em conta que o uso de óleos de aromaterapia para tratar doenças de saúde mental ainda não foi aprovado pela Administração de Alimentos e Drogas dos Estados Unidos. São apenas métodos holísticos que ganharam tração nos últimos anos e foram comprovados por muitas escolas de medicina e cura ancestrais como as comunidades holísticas da China e da Índia. Também é possível ter uma reação adversa a determinado cheiro, por isso aconselhamos a ter algum cuidado sempre que usar um novo óleo essencial. Nunca devem ser ingeridos, mas um novo cheiro pode trazer-lhe problemas respiratórios ou náuseas, especialmente se tem asma ou outras doenças respiratórias. Como sempre, deve confirmar com o seu médico antes de tentar algo novo. Existem muitas fontes que podem ensinar os métodos recomendados para o uso de óleos essenciais, por isso certifique-se de procurar um se acha que a aromaterapia é a rota certa para si!

13. Limpe

Detestamos ter de ser duros, mas vamos admitir – provavelmente você tem muita coisa. Os montes de tralha nas nossas casas e a desordem levam a sentimentos de ansiedade e *stress* que invadem a nossa saúde mental. De facto, existe mesmo uma associação chamada Associação de Limpeza & Organização Profissional. O grupo afirma que por vezes não é fácil relaxar ao fim de um longo dia porque "uma casa desarrumada envia sinais ao cérebro de que há um milhão de coisas por fazer". Um estudo da Universidade de Califórnia descobriu que o cortisol, a hormona do *stress*, foi encontrada em níveis maiores em mães que viviam em casas desarrumadas, quando comparadas com mães que mantinham uma casa arrumada.

É difícil encontrar tempo nas nossas vidas atarefadas para fazer algo tão mundano como *limpar*, mas aconselhamos vivamente a pôr de lado 15 minutos do seu dia para pôr a sua casa em ordem e atacar a área mais problemática que tem andado a evitar. Quer seja lavar a loiça, aspirar, lavar roupa ou arrumar um quarto desarrumado… um quarto visualmente mais organizado pode aumentar os níveis da sua produtividade e permitir-lhe concentrar-se com mais eficácia nas suas tarefas durante o dia. Um quarto desarrumado causa distração e sobre-estimula o cortex visual que interfere com a sua habilidade de processar nova informação. A arrumação faz com que tudo fique organizado e por sua vez, permite-lhe trabalhar com mais eficácia. Estudos revelaram que pessoas que arranjam tempo para fazer as suas camas todas as manhãs, têm uma noite de sono mais tranquila. Algo tão pequeno pode ser a mudança que precisa na sua rotina.

Deixamos aqui algumas dicas para começar a organizar o espaço onde vive:

- Esconda a tralha: Em vez de manter as coisas à vista, quer seja papelada, roupa, ou quinquilharias, compre cestos para que os seus pertences fiquem ocultos. Todas as suas coisas continuam ali mas não está constantemente a olhar para elas.
- Coloque etiquetas nos seus pertences: Se for algo importante que irá precisar, despenda algum tempo para identificar! Quer sejam papéis de impostos, o seu certificado de nascimento, a sua papelada da universidade... identifique os seus *dossiers* para que quando precisar, saiba exatamente onde estão.
- Depuração: Tenha atenção à data de validade dos seus produtos perecíveis e deite-os fora quando passarem a data de validade. O

mesmo pode ser dito em relação ao seu guarda-vestidos. Se tem algo gasto, velho, ou algo que não veste, veja-se livre disso. Pode vender *online* ou doar a alguma comunidade local.

- Separe por estação: Uma excelente forma de reduzir a desordem no seu armário é guardar a roupa de Inverno quando chega a Primavera, e depois guardar o seu guarda-vestidos de Primavera e Verão quando a época fria chega. Desta forma, você não está constantemente a vasculhar roupas da estação passada para encontrar algo apropriado para vestir.

Outro estudo da Universidade Cornell afirma que a desordem no seu quarto pode mesmo levar à alimentação excessiva. É verdade, a desorganização está associada ao aumento de peso. Um experimento psicológico descobriu que as pessoas que estão num quarto desarrumado têm tendência a comer mais petiscos não-saudáveis do que as pessoas que estão num quarto organizado. De facto, um estudo da Universidade de Flórida revelou que as pessoas que viviam em casas extremamente desarrumadas tinham mais 77% de probabilidade de ser obesas. Podem haver muitos fatores envolvidos nisto, mas a ideia é que os indivíduos com um cérebro apressado ou disperso, tal como os seus quartos, têm tendência a comer alimentos embalados ou comida de plástico, enquanto as pessoas com uma casa mais organizada levam tempo a planear a sua alimentação e a cozinhar refeições mais saudáveis. A condição em que o seu quarto e espaço se encontram irá também refletir a forma como a sua cozinha está organizada e disposta. Se mantiver a sua dispensa bem arrumada com ingredientes frescos, pratos lavados, estará mais disposto a preparar algo para jantar em vez de pegar em comida de plástico ou escolher uma refeição congelada. Em última instância, isto levará a uma melhoria dos seus hábitos alimentares a ao consumo de refeições mais equilibradas.

14. Redecore

Pode parecer muito trabalhoso ao início, mas os especialistas acreditam que redecorar o espaço onde vive pode reduzir os seus níveis de *stress* e estimular a sua atenção. O seu cérebro acostuma-se ao espaço onde vive e aos pertences que tem à sua volta. Quando aplica algumas mudanças – quer seja uma nova pintura ou um novo sofá – o seu cérebro reage à mudança no ambiente físico e torna-se mais ativo a ajustar-se às diferenças. Pequenas diferenças são o suficiente para aumentar a atividade do cérebro. Não tem de se pressionar a gastar muito dinheiro ou muito tempo a refazer completamente o seu quarto.

Por exemplo, pintar um quarto com uma nova cor pode mudar a forma como se sente em relação a esse espaço. Estudos recomendam a escolha de tons azuis ou verdes. Está provado que a cor azul reduz a pressão sanguínea e faz com que se sinta menos stressado (Ver Capítulo 1 "Visite o oceano"). A cor verde também traz a sensação de calma, e é por isso que o encorajamos a decorar o espaço onde vive com plantas. De acordo com o Jornal de Psicologia Ambiental, está comprovado que ter plantas domésticas reduz os níveis de *stress*. Se as plantas verdadeiras não são a sua especialidade, pode sempre comprar plantas falsas, ou suculentas, que requerem menos cuidados.

Outra dica para reduzir a ansiedade proveniente da revista Melhores Casas & Jardins, é esconder os equipamentos eletrónicos da sua casa. Sabemos que pode precisar do seu telemóvel e do seu portátil do seu lado, mas estudos provaram que as pessoas que mantêm a sua TV num armário com as portas fechadas têm menos tendência de ligar a televisão assim que entram no quarto. Fora da vista, fora da mente! Mantendo os cabos e o *router* de Internet escondidos também podem ajudar a reduzir a desordem visual num quarto e ajudá-lo a focar-se noutras tarefas, sem ser na tecnologia.

O Instituto de Psiquiatria de Londres também o recomenda a limitar o número de espelhos no espaço onde vive. Todos precisamos de ter um na casa-de-banho para nos prepararmos para o trabalho ou para um encontro à noite, mas investigadores descobriram que a reflexão natural de um espelho encoraja a introspeção e coloca demasiada ênfase no aspeto físico. As pessoas que estão constantemente a olhar-se ao espelho eram mais stressadas relativamente à sua aparência em comparação com as pessoas que não tinham muitos espelhos em casa. Enquanto é necessário olhar o seu reflexo no espelho, ter muitos à sua volta pode fazê-lo concentrar-se nas suas supostas falhas em vez de na sua beleza.

Esforce-se por decorar o seu espaço concentrando-se no minimalismo e organização para que a desordem fique longe de si, e mantenha as superfícies limpas (Ver "Limpe"). E não hesite em abrir as janelas! Um estudo de Pittsburgh descobriu que os pacientes de hospital que foram expostos a mais luz natural durante o dia, tiveram menos ansiedade e *stress*. Se está em casa a desfrutar do seu espaço, abra as persianas e deixe o sol entrar. Isso irá fornecer luz natural ao seu redor e a luz do sol irá melhorar o seu estado de humor.

15. Analise as suas despesas

A investigação é clara – a #1 razão para a ansiedade de quase 85% dos adultos é financeira. Tem sido o fator *stressante* de topo nos relatórios da Associação de Psicologia Americana desde o início do inquérito em 2007. Emergências não planeadas, despesas médicas e preocupação com o distante futuro da reforma (ou não tão distante, dependendo em que altura da vida você se encontra!)

assombram constantemente a sua mente e causam *stress* e preocupação.

Para lidar com os assuntos de *stress* financeiro, deixamos-lhe alguns passos preliminares que pode dar:

- Crie um orçamento: Podemos ter aprendido sobre isto na escola preparatória, mas por vezes precisamos de alguma ajuda para sermos responsáveis de novo. Criar um orçamento rígido permite-lhe ver todo o dinheiro *entrar* e *sair*. Isso inclui as necessidades como contas, renda, comida, e também "diversão" como saídas à noite e despesas de entretenimento. Quando tem todas as suas despesas relatadas, pode dar prioridade ao que é mais importante e decidir aquilo de que pode prescindir de forma a poupar alguns euros no final do mês. Também o ajudará a notar se um preço subiu subitamente, ou se o seu fornecedor de Internet fez alguma alteração ao seu plano no final do mês. Saber exatamente quanto irá pagar irá permitir-lhe notar rapidamente possíveis inconsistências sempre que uma empresa faz cobranças excessivas.

- Lide com as dívidas: Quer sejam empréstimos de estudos, empresas de cartões de crédito que o perseguem, ou pagamentos do carro, as dívidas devem ser uma prioridade a pagar para a sua própria paz de espírito. A Reserva Federal do Banco de Atlanta descobriu uma relação entre dívidas e taxas de mortalidade. O risco de morte aumenta 5% durante os primeiros três meses em que uma dívida não é paga. Faça um plano para lentamente tornar os pagamentos consistentes e reduzir os seus saldos negativos. Abstenha-se de aderir a mais cartões de crédito ou de compras impulsivas que o ponham em dívida. Se não tem possibilidades de fazer um pagamento, ligue e pergunte à empresa se oferecem um período de carência. Se não enfrentar rapidamente a sua dívida, ela pode ser acrescentada às suas cobranças, o que só irá aumentar o seu *stress* financeiro.

- Pontuação de crédito: Fale com alguém do seu banco acerca da sua pontuação bancária. Estudos revelam que um aumento de 100 pontos na pontuação de crédito de uma pessoa levou a cerca de 4.38% de redução do risco de mortalidade. Admita – a sua pontuação de crédito é um número importante e quanto mais confiante se sentir em relação a isso, e quanto melhor a sua saúde financeira estiver, melhor estará a sua saúde mental. Se puder empenhar-se em aumentar a sua pontuação, irá sentir-se mais

confiante acerca da sua posição financeira.
- Fundo de emergência: As emergências acontecem, e é assustador pensar que estaremos sem dinheiro quando ocorrem. Para combater os seus medos e preocupações, comece a construir um fundo de emergência *agora*! Mesmo que seja simplesmente pôr de parte 100€ por mês numa conta poupança, terá 1.200€ ao fim do ano! A regra de ouro é que deve *pelo menos* fazer dois pagamentos no seu fundo de emergência. Primeiro experimente ir amealhando cortando despesas desnecessárias do seu orçamento. Quando tiver atingido esse objetivo mínimo, pode ir baixando a prestação a transferir. Tendo esse dinheiro de parte para "um dia chuvoso" irá reduzir a sua ansiedade relativamente a um imprevisto que possa aparecer financeiramente.

Pergunte ao seu banco se oferece alguma promoção interessante na sua conta de forma a ver o seu dinheiro crescer.

Não tenha receio de pedir ajuda a um conselheiro financeiro no seu banco para verificar em que ofertas ou planos financeiros o podem apoiar. O mesmo se aplica ao seu trabalho. Nalgumas empresas, podem deduzir benefícios para a sua reforma ou dar-lhe opções para investimento do seu dinheiro através de protocolos com outras empresas. Fale com alguém dos Recursos Humanos ou do departamento financeiro porque estes assuntos podem ser difíceis de entender! Os recursos são disponibilizados, gratuitamente, para que tome decisões com a devida informação acerca do seu dinheiro e comece a planear agora a sua reforma. Ter conhecimento das suas escolhas financeiras irá reduzir a sua ansiedade no que diz respeito ao dinheiro. Uma das coisas mais importantes a ter em conta é que não compare a sua situação com a dos outros. Na cultura de media social e de celebridades em que vivemos, facilmente se pode sentir ansioso ou invejoso com que os outros têm e você *não*. Lembre-se das bênçãos na sua vida e saiba que está a dar o seu melhor na situação financeira em que *você* está. Não tenha medo de fechar contas que o fazem sentir-se *stressado* ou deprimido, faça-o pelo bem da sua própria saúde mental.

16. Leia

À medida que envelhece, parece que mais "leitura obrigatória" a sua vida requer – e-mails do trabalho, papelada para assinar, faturas e formulários no e-mail. É possível que mesmo que tenha gostado de ler no passado, não encontrou tempo para o fazer ultimamente. Encorajamo-lo a tentar *arranjar* tempo. A Universidade de Sussex descobriu num estudo de 2009 que a leitura pode reduzir os níveis de *stress* em 68%. Faz com que se acalme mais rapidamente em comparação com outros métodos de relaxamento como ouvir música ou escrever um diário. Isto porque a leitura é um escape instantâneo. Quando abre as páginas de um livro, é transportado para um mundo imaginário onde as suas preocupações e ansiedades não entram! Não tem necessariamente de ser um livro de ficção. Talvez não prefira ficção. Tudo se baseia naquilo que prefere ler e que lhe confere um escape. Evite tópicos que o façam sentir triste ou impotente, como guerras ou biografias angustiantes. Concentre-se em assuntos que o façam sentir-se esperançado e feliz, como viagens ou culinária.

A leitura faz com que acalme os sintomas físicos da ansiedade. Baixa o seu batimento cardíaco e relaxa rapidamente as tensões musculares. Perdendo-se num mundo fictício (ou num assunto do seu interesse se não gosta do género fictício), não se foca nos seus próprios problemas por algum tempo. Frequentemente, a leitura também pode abrir a sua mente a novas experiências e novas formas de ver o mundo. Expandindo os seus horizontes e vendo o mundo numa nova perspetiva, focamo-nos na grande imagem do mundo à nossa volta em vez de somente nas nossas vidas individuais.

17. Escreva um diário

Manter um diário é um excelente método de dispersar pensamentos de um cérebro hiperativo ao fim de um longo dia. "Fazer anotações num diário é como sussurar ao seu próprio ser e ouvir ao mesmo tempo". E é verdade – é uma ótima forma de despender algum tempo a refletir em si próprio e nos seus pensamentos, no que ocupa a sua mente e o incomoda. É uma forma de ventilar o seu *stress* de forma segura e de sentir-se melhor quando o tira da cabeça e transpõe para uma folha de papel. A coisa mais importante em manter um diário é, ser honesto consigo próprio. Se se censura a si próprio ou não partilha as coisas mais importantes para si, então este método de partilha de sentimentos não irá funcionar. Sendo aberto acerca das coisas que incomodam e as preocupações que o assombram, pode escrever sobre eles e sentir-se melhor depois de aliviar o fardo dos seus pensamentos.

Um diário nem sempre tem de conter as suas perturbações ou aquilo que o está a *stressar*. Também pode ser um diário de positividade onde pode registar todas as coisas boas que acontecem na sua vida, ou tomar nota de todas as coisas positivas que ocorreram ao fim de cada dia. Estes diários de positividade são uma ótima forma de se forçar a ignorar os eventos *stressantes* do dia e focar-se apenas nas bênçãos. Os diários de positividade são frequentemente prescritos a pacientes com ansiedade ou depressão de forma a estimular o foco nos aspetos positivos do seu dia. Tente manter um e verifique se o ajuda a olhar positivamente para a sua vida!

18. Considere uma consulta com um terapeuta

Este livro foi concebido para o incentivar a experimentar coisas novas para reduzir a sua ansiedade e *stress* diários, mas não está completo sem o aconselharmos vivamente a considerar uma consulta com um terapeuta licenciado, caso sinta que é necessário. A ansiedade em doses pequenas é considerada normal, como quando vai ao seu primeiro encontro com alguém ou antes de uma entrevista de emprego. Mas quando se vê a viver num estado constante e elevado de ansiedade que interfere com a sua vida diária, pode ser a altura de consultar um profissional de saúde mental. Se está na escola, devem haver recursos disponíveis para si no seu centro de saúde ou numa associação de estudantes a que pode aderir. Se estiver por sua conta, contacte o seu local de trabalho para verificar se têm recursos no departamento de Recursos Humanos. O seu seguro de saúde também deve estar disponível para lhe dizer que planos cobre e quanto teria de despender do seu bolso para despesas de saúde mental.

Preocupar-se com o potencial custo de terapia também é algo que lhe pode trazer ansiedade. Felizmente, devido à permanência da ansiedade na nossa cultura, existem muitos recursos gratuitos disponíveis e recursos que irão apoiá-lo a encontrar tratamento adequado. Também existem muitas aplicações que pode subscrever e onde será remetido para um terapeuta licenciado com quem pode falar sempre que precisar.

Aqui estão alguns locais por onde pode começar:

- A Linha da Associação SOS Voz Amiga (+351) 213 544 545 / 912 802 669 / 963 524 660. Disponível todos os dias das 16h às 24h.
- EMDRPortugal.pt permite-lhe encontrar uma terapeuta local, psicólogo ou aconselhamento na sua zona de residência.
- A aplicação TalkSpace dá-lhe acesso a um terapeuta 24/7 depois de

subscrever e pagar a adesão. Pode falar através de *chat* ou vídeochamada com um profissional licenciado sempre que precisar.

- A aplicação *7 Cups* tem cerca de 200,000 ouvintes treinados e terapeutas disponíveis para falar consigoanonimamente.
- *MoodNotes* é uma aplicação popular que usa terapia cognitiva comportamental para lhe fazer questões ao longo do dia de forma a calcular o seu humor e trabalha para o melhorar se for necessário.
- *BreathingZone* é uma aplicação que oferece exercícios respiratórios guiados dependendo do nível de ansiedade em que se encontre. Também dispõe de um guia através de voz para o ajudar se for principiante.

Como pode ver pelos exemplos listados, os métodos e meios para receber terapia tornaram-se mais convenientes e felizmente menos caros independentemente do tipo de orçamento que tem. Todos os métodos são sempre confidenciais para que se possa sentir seguro a falar com um indivíduo licenciado sobre a sua saúde mental.

19. Visite o seu médico para realizar um *check-up*

A ansiedade do dia-a-dia ocorre a todos nós quando estamos preocupados ou transtornados relativamente a situações na nossa vida. Também nos pode ser difícil distinguir os sintomas de ansiedade considerados normais daqueles que são classificados como doença médica e que requerem tratamento médico adequado.
Deve consultar o seu médico de família se:

- As suas preocupações e medos começam a interferir com a sua vida diária tais como higiene pessoal, trabalho, escola, ou as suas relações pessoais

- Consome álcool, drogas ou medicação excessiva para controlar a sua ansiedade
- Tem outros problemas mentais ou físicos que exacerbam a sua ansiedade
- Tem pensamentos de suicídio ou auto-flagelo

Também pode tratar-se de um caso de meta-ansiedade em que se sente ansioso relativamente à sua ansiedade e em consultar um médico. Isto pode paralisante para algumas pessoas e pode dificultar a sua ida ao médico e falar na sua condição. Se é este o caso, recomendamos vivamente que fale com um amigo ou familiar da sua confiança para o apoiar na procura da ajuda que precisa. Não deve sentir vergonha em procurar ajuda médica, e desejamos-lhe o maior sucesso enquanto lida com a ansiedade na sua vida.

Conclusão

Obrigado por chegar ao fim do livro sobre como *Esmagar a Ansiedade*, esperamos que tenha sido informativo e que lhe tenha conferido algumas ferramentas que precisa para aliviar alguns medos e ansiedades que possa sentir em relação à sua vida. Este livro e as suas 30 tarefas foram concebidos para o ajudar a tentar algo novo todos os dias, e dar-lhe informações básicas sobre novas tarefas que podem mudar o seu estilo de vida e experimentar quais delas funcionam melhor na redução das suas ansiedades diárias.

Investigações revelaram que as tarefas físicas e sociais podem reduzir os níveis de *stress*, por isso compilámos várias sugestões para você experimentar. O exercício físico liberta as hormonas naturais do bem-estar como a endorfina e a serotonina que combatem a presença da hormona do *stress*. A "adrenalina de atleta" que sente depois de exercício físico revigorante faz mais por si do que apenas manter o seu corpo em forma – também funciona para incrementar a sua saúde mental, funções cognitivas, e dar-lhe o humor calmo e claro que precisa para lidar com os elementos de *stress* diários. Se o exercício físico num ginásio normal não é para si, nós demos-lhe algumas alternativas para praticar outros tipos de exercício. Uma caminhada, passear pela sua cidade, ou praticar *yoga* são novas formas para melhorar a sua saúde mental.

A categoria de ideias seguinte recomendou-o vivamente a estar mais atento às suas interações sociais. A verdade é que a formação de conexões sociais saudáveis leva a uma melhor saúde mental. Uma pessoa sente-se mais conectada e acolhida. Seja através de voluntariado, falando com velhos amigos, fazendo parte de uma atividade social, ou falando com alguém que passou pelas mesmas dificuldades que tem, tudo isto permite que se sinta mais ligado a pessoas que querem saber de si e da sua ansiedade. Falar com alguém reduz sentimentos de *stress* e desespero em determinadas situações, permitindo que se sinta mais preparado para conquistar e lidar com as questões de forma positiva.

A última secção do livro recomenda-o focar-se em si próprio. É isso, o amor-próprio vem de dentro e só pode começar se você passar tempo consigo próprio. Seja elaborando uma lista de objetivos para o seu futuro, limpando ou redecorando o seu quarto, ou analisando despesas que lhe causam *stress*, verificando os aspetos da sua vida e reduzir o seu *stress* mental. O *stress* financeiro é considerado a principal causa de *stress*, por isso, criando um orçamento e eliminando despesas supérfluas pode reduzir os seus sentimentos de ansiedade em relação ao futuro.

www.ingramcontent.com/pod-product-compliance
Lightning Source LLC
Chambersburg PA
CBHW071849070526
44583CB00016B/1610